COMO TER UMA COLUNA SAUDÁVEL

Exercícios simples para manter
a flexibilidade da sua coluna

Bioaccus®

Elizabeth Sharp

COMO TER UMA COLUNA SAUDÁVEL

Exercícios simples para manter a flexibilidade da sua coluna

Tradução
ANTIVAN GUIMARÃES MENDES

Fotos de
MAX LOGAN

EDITORA CULTRIX
São Paulo

Título do original:
The Healthy Back Book
Simple Exercises for an Active, Pain-Free Back

Originalmente publicado na Grã-Bretanha em 1993
por Element Books Ltd., Shaftesbury, Dorset.

Edição	Ano
1-2-3-4-5-6-7-8-9	97-98-99-00

Direitos de tradução para a língua portuguesa
adquiridos com exclusividade pela
EDITORA CULTRIX LTDA.
Rua Dr. Mário Vicente, 374 – 04270-000 – São Paulo, SP – Fone: 272-1399
E-MAIL: pensamento@snet.com.br
http://www.pensamento-cultrix.com.br
que se reserva a propriedade literária desta tradução.

Impresso em nossas oficinas gráficas.

Sumário

Introdução

É com imenso prazer que escrevo a introdução deste valiosíssimo livro, que trata da questão da saúde como um todo, em contraste com a doença. Como clínico, passo a maior parte do tempo diagnosticando doenças. Tantas são as enfermidades, que pouco nos preocupamos com a prevenção e as atitudes saudáveis para com a vida. É sabido que a dor nas costas, por exemplo, representa um enorme custo em matéria de morbidez: sessenta milhões de dias de trabalho são perdidos anualmente, por causa desse mal. Portanto, tudo o que contribua para diminuir esse enorme ônus financeiro deve ser visto com bons olhos. Em tempos de recursos minguados e de severas reduções de gastos, como estes em que vivemos, devemos apoiar modos saudáveis de vida.

Elizabeth Sharp sempre abordou a saúde de maneira prática, e, no tratamento de seus pacientes, sempre enfatizou a prevenção. Destacam-se, em seu método, exercícios para manter a forma, para perder peso e para manter o tônus muscular. O propósito da autora neste livro é apresentar fortes argumentos em favor de hábitos saudáveis, enfatizando a necessidade de fazer exercícios regularmente, e tornar clara para todos a importância da adoção desse método. Solidarizo-me com as práticas aqui descritas e desejo que os leitores se beneficiem ao máximo com o conhecimento contido nestes capítulos.

Dr. Hedley Berry, FRCP
Reumatologista
96 Harley Street
London W1
Kings College Hospital
London SE5

Prefácio

A idéia de *Como Ter uma Coluna Saudável* surgiu ao longo de muitos anos tratando de pessoas que sofriam de dor nas costas e, mais recentemente, no decorrer dos últimos quatro anos, durante as aulas para meus pacientes suficientemente restabelecidos de crises agudas relacionadas com esse mal. Alcançar um estado de ausência da dor era apenas meio caminho andado em direção ao completo restabelecimento, uma vez que era evidente que os pacientes voltavam à clínica com ataques recorrentes de dores nas costas, geralmente mais amiudados, à medida que os anos passavam. Era necessário, pois, fazer com que os pacientes dessem um passo a mais no caminho do restabelecimento, ensinando-lhes a fortalecer as costas e os músculos do abdômen para que estes propiciassem uma estabilidade vital à espinha e fossem mais além na prevenção de futuras crises. Era também a oportunidade (o momento certo, quando a dor já se fora, mas ainda estava fresca na memória) de orientar os pacientes sobre as medidas preventivas, tais como: postura correta, exercícios adequados, peso compatível com a altura e algum conhecimento básico da mecânica do corpo e de anatomia. Pela minha experiência, constatei que são necessárias cerca de três crises de dores nas costas para que a pessoa aceite o fato de que só poderá recuperar o bem-estar por meio de exercícios e da perda de peso, a fim de suplantar a dor.

Diagnosticar as dores nas costas continua sendo um desafio para os médicos e paramédicos. Quando essa dor é um sintoma de hérnia de disco? Quando é devida a facetas articulares inflamadas e enrijecidas e a ligamentos distendidos? Quando é devida ao espasmo resultante de má postura e ao desequilíbrio dos músculos?

Quando se deve à artrite causada por desgaste? São essas algumas das questões às quais devem responder cirurgiões, ortopedistas, neurocirurgiões, especialistas em medicina esportiva, clínicos gerais, fisioterapeutas, osteopatas e quiropatas, todos eles responsáveis pela avaliação e pelo tratamento dos que "sofrem de dores nas costas". Tantos são os especialistas no campo da dor nas costas quantos os tratamentos e "curas" prescritas: cada profissional tem suas próprias idéias e métodos.

Acreditava-se, 25 anos atrás, que a dor nas costas era causada por ligamentos rompidos e músculos submetidos a grande esforço, e o termo "lumbago" era usado para designar a dor na região lombar. O tratamento então prescrito baseava-se no uso de calor, massagens e exercícios. Às vezes, o diagnóstico era hérnia de disco, e o paciente muitas vezes ficava imobilizado num colete, ou engessado, durante semanas. Se isso não surtia efeito, procedia-se à cirurgia, para remover o disco e fundir as duas vértebras adjacentes por meio do implante de um fragmento de osso extraído do quadril. A recuperação era lenta, tendo a pessoa que ficar deitada durante várias semanas, depois do que se iniciavam exercícios moderados. Daí em diante, atividades que exigissem muito esforço não eram recomendados.

Hoje, problemas de ordem mecânica, como, por exemplo, articulações enrijecidas, são tratadas, com sucesso, por diferentes tipos de terapia manual. Somente na fase aguda recomenda-se repouso: é vital preservar a mobilidade. Os fisioterapeutas têm a vantagem de ter uma formação abrangente, que inclui a manipulação, e, além disso, trabalham em estreita colaboração com os médicos. Penso que a maioria dos fisioterapeutas que fazem manipulação concordaria que o nosso método se baseia no princípio do menor esforço para se chegar ao resultado desejado. A dor nas costas, na maioria das vezes, se deve a um conjunto de fatores, tais como articulações enrijecidas, debilidade e espasmos dos músculos. Faz-se necessário, portanto, que o paciente se submeta a um tratamento abrangente, que inclua alguma das técnicas seguintes: manipulação, massagem, reeducação dos músculos, correção da postura, eletroterapia, uso de gelo e de calor, acupuntura, regime de emagrecimento ou mudança de hábitos.

Hoje, a maioria dos fisioterapeutas defende o tratamento não invasivo, sempre que possível, indicando-se a cirurgia apenas como último recurso, quando há evidência de dano na raiz do nervo.

Tendo conduzido meus pacientes até o estágio final do tratamento, por meio de sessões de fisioterapia, estou certa de que, em face dos comentários feitos por eles, exercícios regulares ajudam a evitar a reincidência de problemas. Eles afirmam, surpresos, que os exercícios são fáceis e divertidos, ainda que sofram um pouquinho no começo. Eles apreciam a companhia dos outros na classe e tiram proveito ao se inteirar dos problemas e do progresso conseguido. Caso eles retornem a mim, meses ou anos depois, com dores, novamente eles reconhecem que se sentiam bem melhor enquanto praticavam exercícios regularmente, mas que os sintomas retornaram quando, por exemplo, começavam suas atividades num novo emprego ou havia uma mudança qualquer, o que os levava a abandonar a rotina dos exercícios. Paulatinamente, perderam a boa forma, engordaram, e a dor voltou. Eu mesma na época em que era estudante de fisioterapia tive problemas nas costas, em virtude do deslocamento de um disco, depois de uma queda violenta de esqui no gelo. Posso garantir, no entanto, que exercícios com as costas e alongamento me têm mantido em boas condições físicas, inclusive para o trabalho de fisioterapeuta. Tenho três filhos, participei de uma maratona e pratico esportes, como natação, tênis, *windsurf*, esqui aquático e esqui na neve. Acredito que qualquer pessoa pode se livrar das dores nas costas e levar uma vida ativa, desde que se disponha a aceitar os conselhos deste livro.

Agradecimentos

Meus mais sinceros agradecimentos aos colegas Lynnette France e Robyn Hill pelos conselhos e ajuda na seleção dos exercícios, condução das sessões de fisioterapia e leituras dos manuscritos; a minhas secretárias Karen Jones, Georgia Livesey e Jennifer Halvorsen, pela datilografia dos originais; a Liz Capon pelo seu apoio e recomendação sobre a terminologia mais acertada; a Alan Glaser, da Advance Seating, pela cessão da cadeira e escrivaninha que aparecem nas fotos; a Max Logan, sem cujas belas fotografias e incansável encorajamento e conselhos, este livro não seria possível; e, finalmente, à minha família, pelo apoio e ajuda na organização dos manuscritos.

CAPÍTULO 1

Anatomia Básica e Biomecânica

A coluna

A coluna vertebral consiste em sete vértebras cervicais, doze torácicas, cinco lombares, cinco sacrais e quatro coccígeas, que se articulam da base do crânio até o sacro. Vista de frente, a coluna normal apresenta-se reta; vista de lado, tem a forma de um "S". A curva da região cervical é côncava, assim como a curva lombar. A curva torácica é convexa.

A coluna é constituída dessa maneira para suportar a considerável pressão exercida pelo peso. As vértebras lombares são as maiores da coluna vertebral, o que se explica pelo fato de suportarem toda a pressão exercida pelo corpo, do sacro para cima. Apresentam-se mais fortes quando estamos na posição ereta, e mais fracas quando nos curvamos.

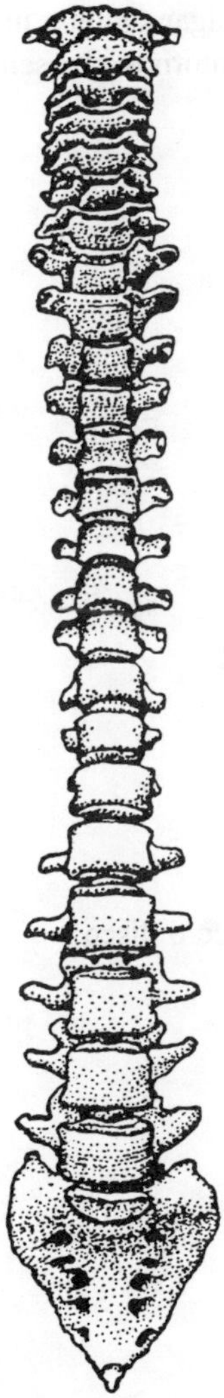

Vista frontal da coluna

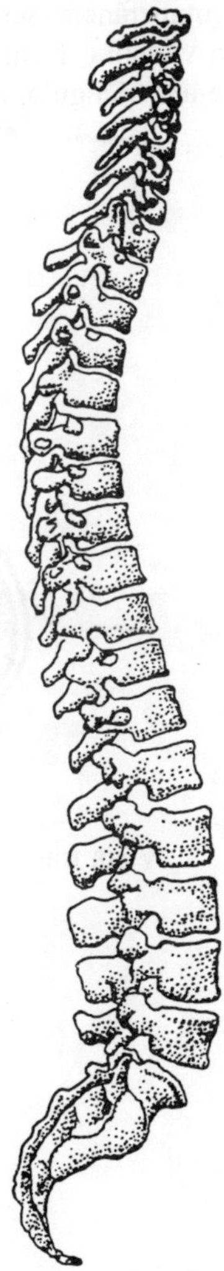

Vista lateral da coluna

A vértebra lombar

A vértebra constitui-se de maneira a ser extremamente leve, mas com grande densidade ao longo das linhas de força pelas quais se distribui o peso. Um corte transversal da vértebra permite-nos ver muitos espaços vazios. As três protuberâncias servem para ligar os músculos aos ligamentos e, juntamente com a vértebra, formam o canal vertebral, cujos contornos são semelhantes aos de um triângulo, e que abriga a medula.

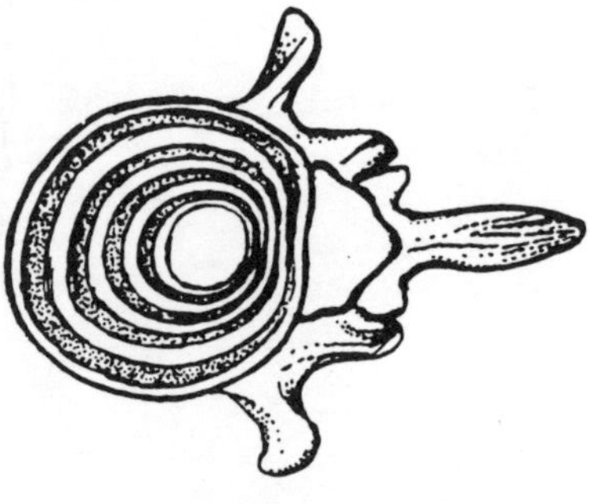

Vista transversal da vértebra em que aparece o disco

Facetas articulares

Cada vértebra prende-se à seguinte através de facetas articulares em ambos os lados, as quais apresentam uma face articular plana e delgada, e que deslizam umas sobre as outras durante o movimento da coluna. Elas podem tornar-se enrijecidas, ou sofrer danos, em virtude da má distribuição do peso, ou podem ficar doloridas devido a inflamação. O tratamento ministrado com o auxílio das mãos por um profissional pode ajudar a soltar as articulações e a diminuir a dor.

O persistente excesso de pressão causado por posturas incorretas pode causar desgaste, e, numa radiografia, é possível ver superfícies articulares ásperas e pequenos espaços entre as articulações. Pode-se eliminar a dor das articulações desgastadas na maior parte do tempo, mas ela poderá voltar com intensidade somente quando houver esforços muito grandes. Pode-se tentar evitar o aumento da dor e da degeneração adotando-se a postura correta e mantendo fortalecidos os músculos que sustentam a coluna. Para isso, são necessários exercícios regulares.

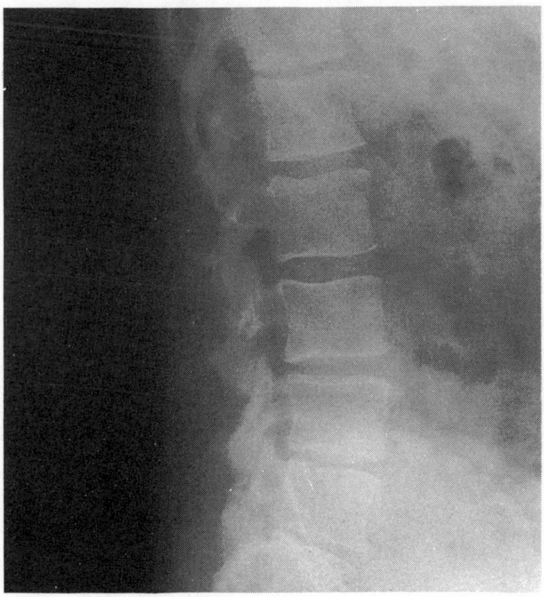

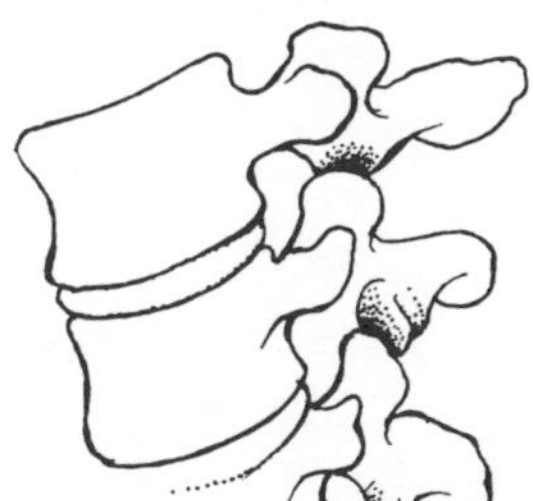

Facetas articulares
sobrepostas

O disco

O disco localiza-se entre cada par de vértebra e é um amortecedor natural de choques. Consiste em uma substância gelatinosa central (o núcleo), envolvida por um tecido fibrocartilaginoso que mantém o núcleo sob pressão no devido lugar. O núcleo pode se mover em todas as direções, dependendo da posição da coluna. Caso se sobressaia para trás, atingindo os nervos e a medula espinhal (assim como a flexão para a frente ou, pior ainda, para a frente com uma torção), os nervos podem ser pressionados provocando dor e danos físicos. A forte pressão sobre o núcleo pode fazer com que o disco se protraia permanentemente (hérnia), causando compressão dos nervos, o que requer cirurgia para que o mal seja sanado.

O disco encontra-se constantemente sob pressão quando estamos eretos e a gravidade exerce sobre nós a sua força, fazendo com que o disco perca fluido e fique menos espesso. O disco jovem reidrata-se quando nos deitamos, razão pela qual somos mais altos pela manhã do que no fim do dia. Quando envelhecemos, o estreitamento do disco pode levar à compressão e ao desgaste das facetas articulares.

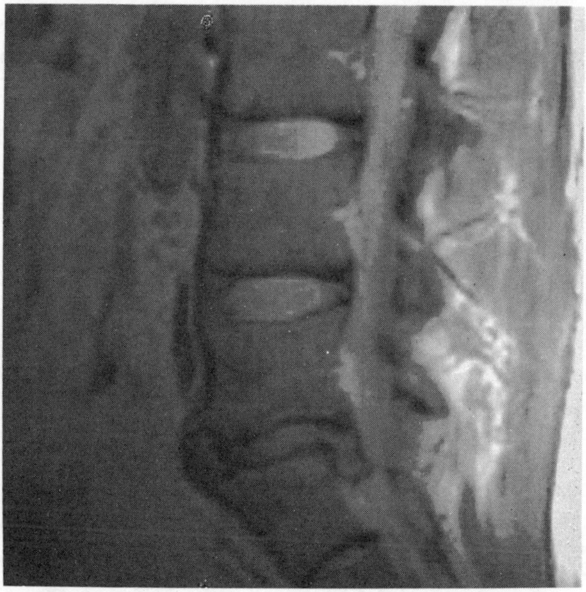

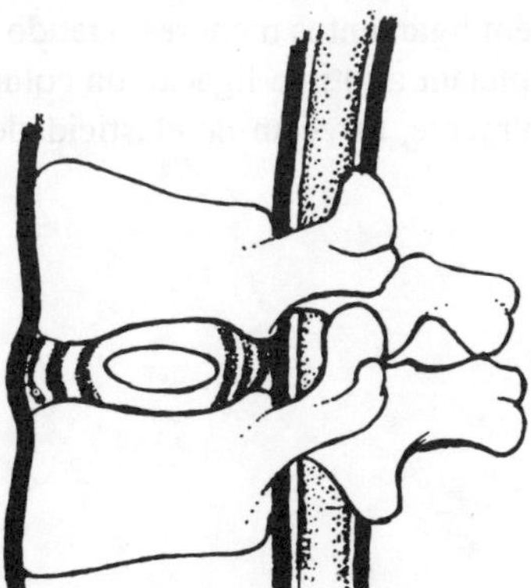

Disco e ligamentos entre duas vértebras

Os nervos

As ramificações dos nervos irradiam-se da medula espinhal para cada junção entre as vértebras.

Cada ramo fornece energia para as diversas regiões da pele, dos músculos, dos tendões e dos ossos, transmitindo sensações, força muscular ou dor.

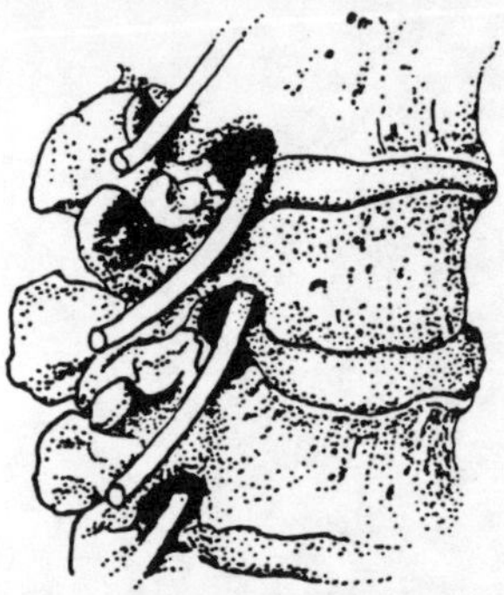

Vista lateral dos orifícios e raízes do nervo

Os ligamentos

Os ligamentos são tecidos fibrosos e muito resistentes que ligam uma vértebra a outra. Na coluna, existem duas colunas longas que se estendem da base do crânio até o osso sacro, passando pelas faces anterior e posterior de cada vértebra. Há também ligamentos menores ligando cada processo posterior adjacente, os quais propiciam a última ligação da coluna vertebral. São muito resistentes, mas, normalmente, carecem de elasticidade.

Os músculos

Os músculos extensores protegem a coluna contra a força da gravidade e mantêm o corpo ereto. Ligam-se à parte posterior das vértebras em camadas, desde a base do crânio até o osso sacro. Os músculos que constituem as camadas mais profundas são mais longos e ligam as vértebras adjacentes; os músculos superficiais são como longas colunas que se estendem por ambos os lados da coluna vertebral, imprimindo o contorno característico das costas.

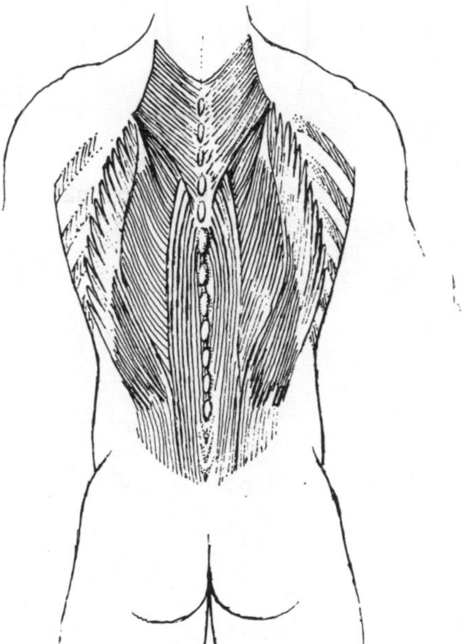

Músculos extensores profundos

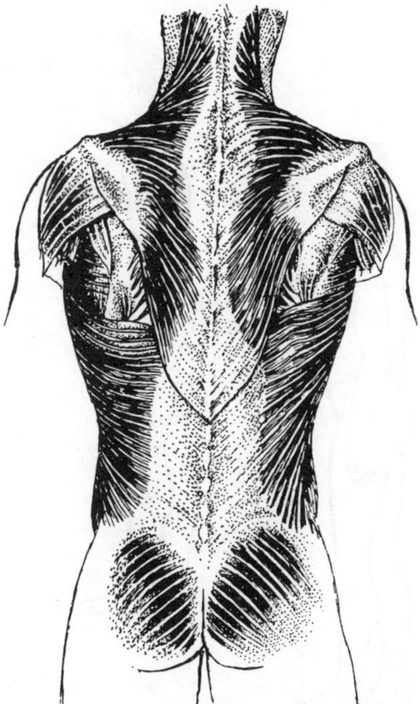

Músculos extensores superficiais

Os músculos abdominais (estômago) sustentam a coluna, regulando a pressão no interior do abdômen, especialmente nas ações de empurrar, levantar, tossir e espirrar. Existem camadas de lâminas oblíquas de músculos, que funcionam como uma cinta e possibilitam a rotação, e tiras verticais espessas, que se estendem das costelas à cintura pélvica e que propiciam a flexão do tronco.

Os músculos abdominais, quando enfraquecidos, contribuem para os problemas lombares: tornam-se flácidos e preguiçosos com o aumento do peso.

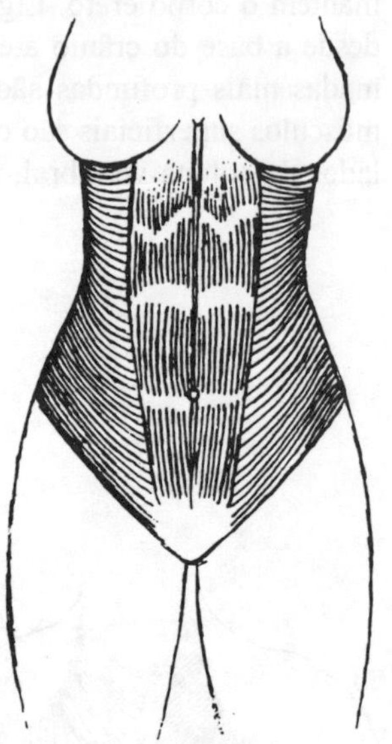

Músculos abdominais

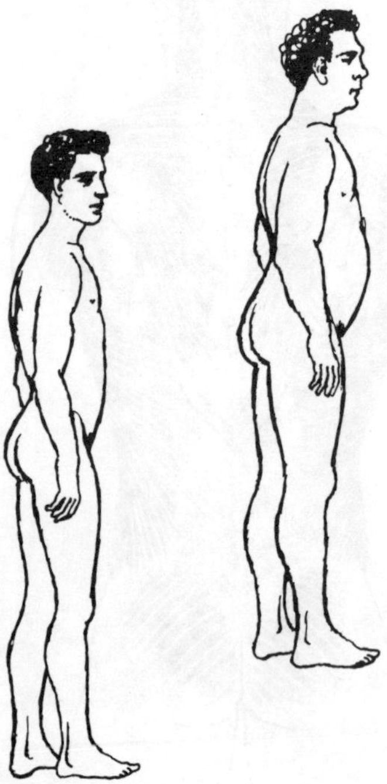

Movimento funcional

A extensão do movimento funcional da coluna é determinada pelo efeito cumulativo do movimento de cada vértebra; a mobilidade também é determinada pela flexibilidade da articulação dos músculos e dos ligamentos. A flexibilidade pode ser melhorada e mantida por intermédio de exercícios regulares e de alongamento.

A disfunção resulta da adaptação à dor crônica.

A distribuição do peso ao longo da coluna

É extremamente prejudicial às articulações e aos discos inclinar o tronco com as pernas não flexionadas, para levantar um objeto pesado.

Nessa posição, pode-se transferir um peso de 1000 kg, ou mais, para as articulações lombares inferiores e para os discos, dependendo da debilidade ou do vigor dos músculos abdominais.

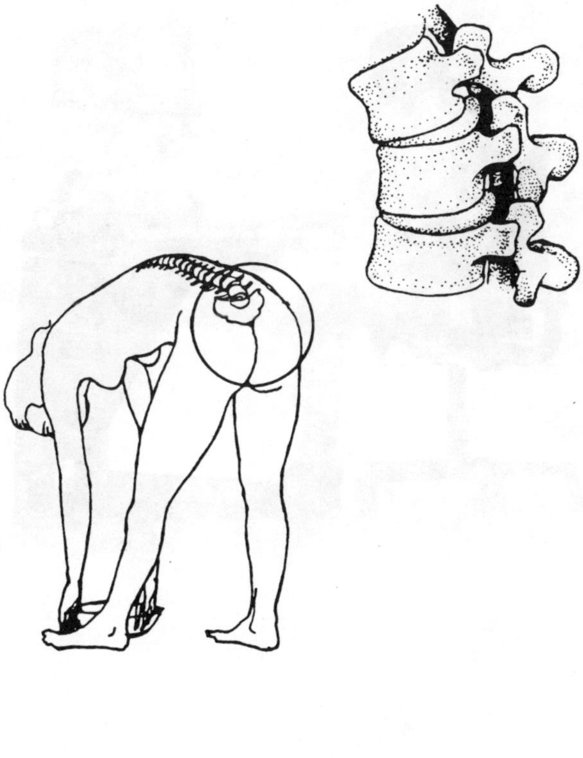

Ficar sentado durante muito tempo também causa sérios danos à coluna, uma vez que uma pressão maior do que quando estamos em pé é distribuída pelas vértebras lombares inferiores.

Cem por cento do peso da parte superior do corpo é distribuído pelas vértebras lombares, 4% e 5% quando estamos na posição ereta, 140% quando nos sentamos corretamente e 190% quando nos sentamos incorretamente.

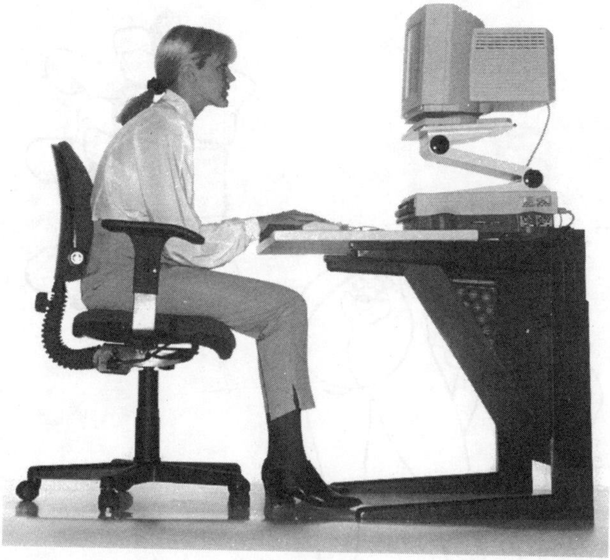

CAPÍTULO 2

Os Exercícios — Introdução

Por que praticar os exercícios?

A coluna dorsal é um poderoso componente do nosso corpo que necessita de força muscular e estabilidade para que possa suster as articulações e evitar danos. É quase certo que os músculos lombares e abdominais se enfraquecerão, depois de um período de dor e descanso de atividades normais. Como se trata de músculos que sustentam a coluna, necessitam, portanto, de fortalecimento. A dor pode ser aliviada por meio de exercícios, se ela é devida a articulações enrijecidas, as quais voltarão a funcionar mais ou menos rapidamente, em poucos dias, a menos que a inflamação, ou degeneração, seja excessiva. Uma articulação dolorida pode fazer com que a coluna mude de posição para evitar o excessivo peso. Isto pode ser constatado por meio de exame e da manipulação se for necessário, caso só os exercícios não surtam efeito. Procure a ajuda de um fisioterapeuta ou de um médico de sua confiança.

Mesmo a dor causada por um disco protraído pode ser mitigada se a pressão for removida por meio de exercícios corretos com a articulação, de maneira a livrar o nervo preso, mas isso pode levar semanas, e não uns poucos dias para ser resolvido. É possível determinar a origem do problema através do "mapeamento" da dor no corpo.

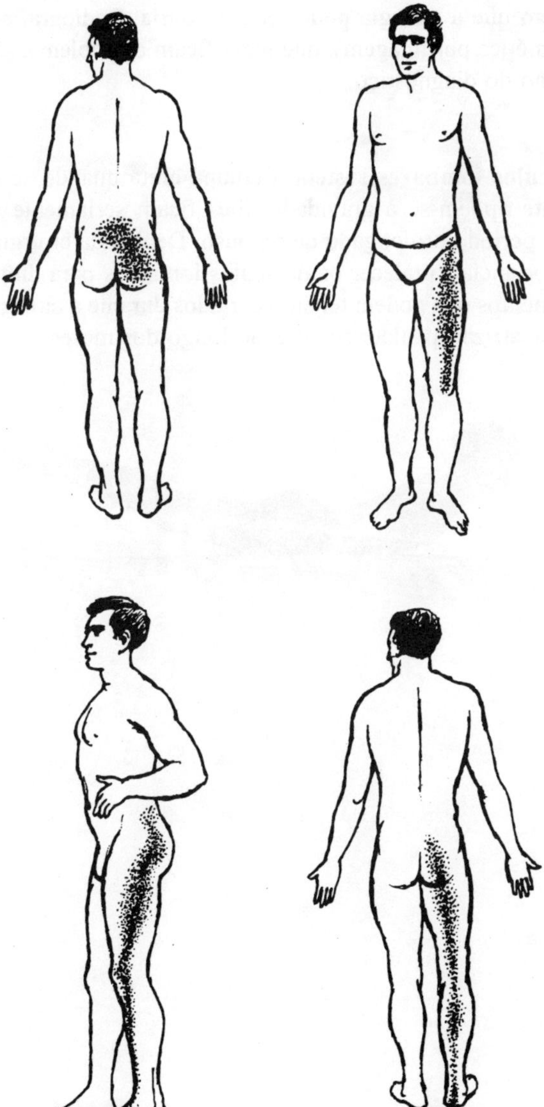

"Mapeamento" da dor no corpo

Somente o disco prolapsado resistirá ao alívio da dor por meio de exercícios, caso em que a cirurgia pode ser necessária. Radiografias e RMI (ressonância magnética por imagem), que identificam o problema, são muito úteis na confirmação do diagnóstico.

Os músculos lombares sustêm a coluna ereta quando se está em pé, e constantemente opõem-se à gravidade. Eles ficam seriamente enfraquecidos depois de um período prolongado de repouso. Depois da cirurgia da coluna, é de suma importância fortalecer os músculos lombares para diminuir a tensão sobre os ligamentos que podem ter sido cortados durante a cirurgia, de maneira que possam cicatrizar, paulatinamente, ao longo dos meses.

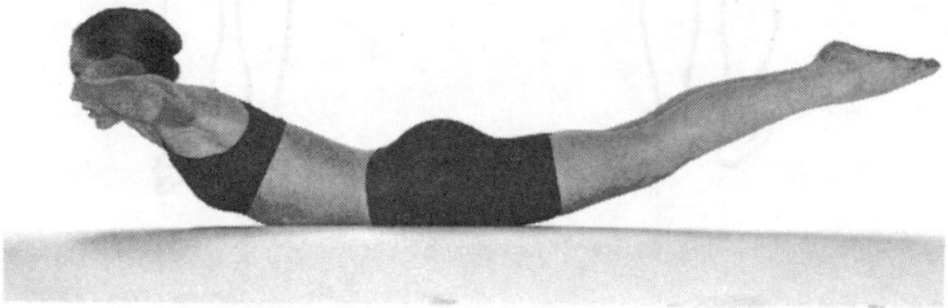

Os músculos abdominais sustêm a coluna regulando a pressão no âmbito do abdômen, além de também sustentar os órgãos internos. Eles trabalham com cerca de 50% de sua capacidade até que sejam realmente solicitados, mas somos preguiçosos para usá-los. Assim sendo, é com freqüência que esses músculos se tornam flácidos e muito mais fracos do que se imagina, e assim permanecerão, a menos que, regularmente, sejam exercitados. Se estão fracos, "nos deixam na mão" quando são necessários em ações como tossir, espirrar, levantar, empurrar, ocasiões em que a pressão na cavidade abdominal aumenta, fazendo com que os discos lombares se comprimam. O problema se agrava se engordamos, sofremos cirurgia abdominal ou não conseguimos fortalecê-los depois de um parto.

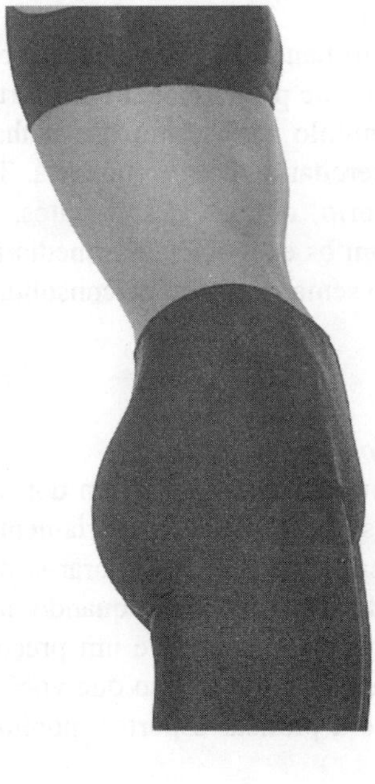

Como praticar os exercícios?

Ainda que esteja atravessando uma crise, tente fazer os exercícios fáceis e leves de aquecimento (Capítulo 3), que impedirão que você fique entrevado, uma vez que eles mantêm as articulações lubrificadas e o sangue circulando. Deite-se muitas vezes para repousar, mas exercite-se durante cinco minutos, de hora em hora. Varie as posições, alternando entre o caminhar e o deitar. Ao sentar-se, apóie a nuca numa pequena almofada e evite curvar-se. Quanto maior a dor, tanto mais exercícios você deverá fazer, "devagar e sempre". A dor começará a diminuir, concentrando-se nas costas e nas pernas. A essa altura, passe a praticar também exercícios de fortalecimento. Caso esse tratamento não produza o efeito desejado, procure a ajuda do fisioterapeuta ou do médico de sua preferência.

Exercícios intermediários

Quando a dor diminui, tornando-se intermitente e branda, deve-se passar para exercícios mais difíceis, que proporcionam um fortalecimento mais considerável dos músculos (Capítulo 4). Mesmo que tenha voltado a trabalhar, ainda assim você deverá exercitar-se com freqüência. Talvez seja necessário deitar-se no chão do escritório, durante dez minutos, repetidas vezes, para aliviar a coluna. Prossiga com os exercícios intermediários, em casa, uma vez por dia, durante três a quatro semanas, a fim de consolidar seu restabelecimento.

Como manter a rotina dos dez minutos

Quando estiver quase ou completamente sem dor, inicie a rotina de manutenção (Capítulo 5), que se deve observar diariamente, por seis meses, ou talvez pelo resto da vida. Essa rotina deve incorporar-se aos seus hábitos, como escovar os dentes, a ponto de sentir-se infeliz quando não a cumpre. Dez minutos de exercícios vigorosos, diariamente, é um preço pequeno a ser pago por uma coluna sem dor. Acrescente-se a isso que você poderá voltar a todas as suas atividades normais e a praticar esportes; porém, ao reiniciá-las, seja cauteloso.

Os exercícios no escritório (Capítulo 7) são recomendáveis a qualquer hora, depois de voltar a trabalhar. Sentar-se de forma incorreta é o que há de pior para a coluna, e a melhor maneira de aliviar a tensão consiste em se movimentar e em se exercitar regularmente. Sentado, tente fazer os exercícios, e a cada hora levante-se e movimente-se com freqüência. Se o seu trabalho é sedentário e exige que você fique sentado de 80 a 100% do tempo, é vital que você disponha de uma boa cadeira que sustente a coluna lombar e com o assento inclinado para a frente, o que evita o desgaste. Ao escolher sua cadeira, prefira a que tem a altura do assento e a inclinação ajustáveis; a altura do apoio da cabeça e ângulos também reguláveis; cinco pés providos de rodinhas, assento giratório e apoio para os braços, caso seu trabalho exija que você escreva à mão ou use um teclado.

Por que fazer alongamento?

O alongamento é necessário para a completa recuperação da flexibilidade das articulações da coluna vertebral e dos quadris, e garante que as faces das articulações e a cartilagem das articulações continuem saudáveis por serem forçadas a se flexionarem nos limites dentro dos quais a coluna normal se dobra. Caso a capacidade normal de girar não seja mantida por meio de movimentos, o revestimento de cartilagem se desgasta e afina, do que resulta nos "estalos" das articulações. Isso indica o começo do processo degenerativo, de "desgaste". Como usamos, em média, apenas 60% do movimento giratório que a coluna pode realizar, é de extrema importância que façamos exercícios de alongamento depois de uma crise, a qual reduz ainda mais a gama de movimentos. Os alongamentos só devem ser iniciados quando a dor aguda se amenizar ou diminuir. Como, quando corretamente feitos, geram desconforto, não inspiram simpatia.

Como fazer alongamento?

Deve ser feito sempre cuidadosa e lentamente, detendo-se no ponto em que a dor é sentida e mantendo-se na posição por vinte segundos, ou mais. Se a duração do alongamento for inferior a vinte segundos, o efeito que se deseja será limitado. Exercite-se diariamente e nunca salte no fim da atividade, pois poderá causar danos ao tendão do músculo.

CAPÍTULO 3

Exercícios de Fácil Realização para Dor nas Costas

Flexão dos joelhos

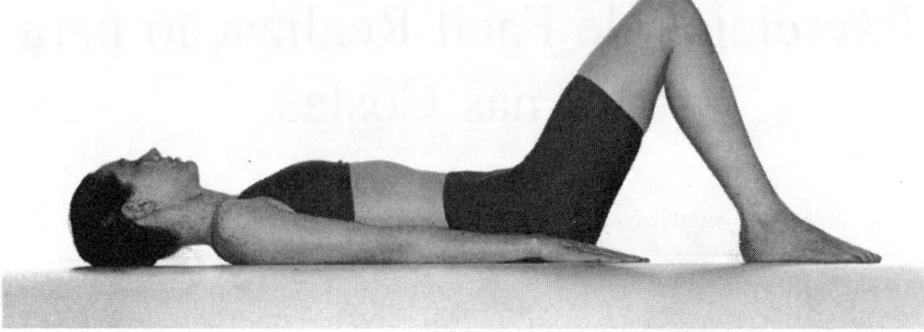

Deite-se de costas e flexione os joelhos.

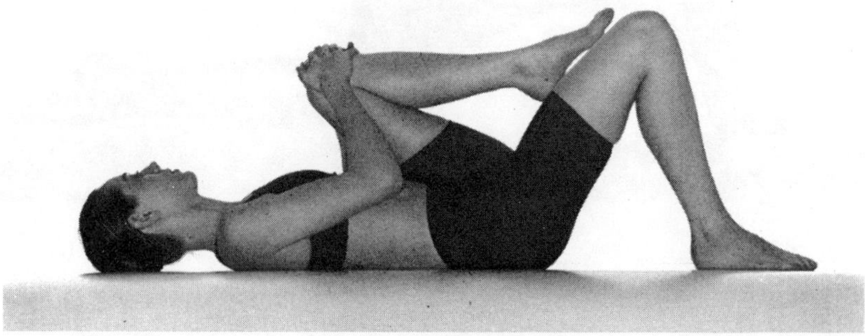

Segure o joelho esquerdo com ambas as mãos e force-o em direção ao peito. Repita dez vezes.

Abaixe a perna esquerda e segure o joelho direito da mesma maneira. Repita dez vezes.

Agora, segure os joelhos, forçando-os em direção ao peito. Repita dez vezes.

Movimento rotativo dos joelhos

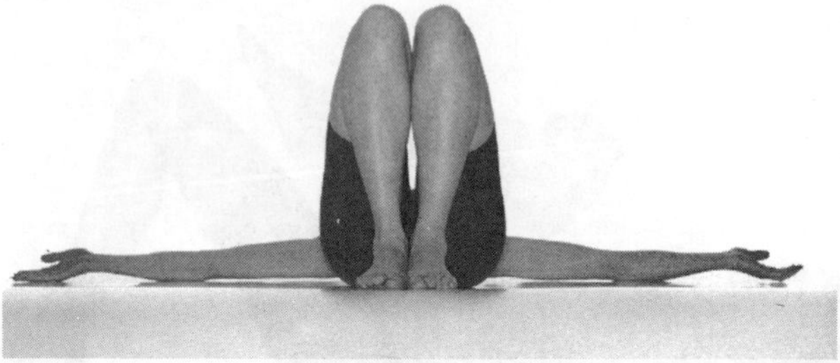

Deite-se de costas, com os joelhos flexionados e os braços abertos na altura dos ombros. Mantenha os ombros no chão e as pernas unidas.

Mova as pernas para a esquerda o máximo que puder, até tocar o chão, se possível.

Agora, mova as pernas para a direita até tocar o chão, se possível.

Mantenha os ombros no chão, mas faça com que o quadril se eleve de modo a girar a coluna. Faça as pernas oscilarem da direita para a esquerda em movimentos rítmicos suaves dez vezes.

Exercícios para a pélvis na posição deitada

Deite-se de costas com os joelhos flexionados e os braços estendidos ao lado da cabeça.

Arqueie as costas, de modo a deixar um espaço entre o corpo e o chão, na altura da cintura; os ombros e as nádegas mantêm-se rentes ao chão.

Agora, endireite as costas, nivelando-a ao chão, e contraia ao mesmo tempo os músculos abdominais. Repita dez vezes.

Exercícios com a pélvis, com as mãos e os joelhos apoiados no chão

Ajoelhe-se e apóie as mãos no chão, distribuindo o peso entre as mãos e os joelhos.

Mantendo os braços esticados, arqueie a parte inferior das costas.

Agora, arqueie as costas para cima, tentando concentrar o movimento na região inferior das costas. Arqueie para cima e para baixo, ritmicamente. Repita dez vezes.

Alongamento passivo

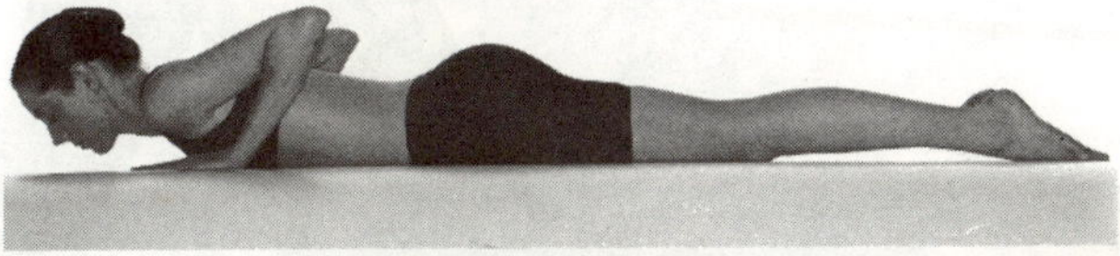

Deite-se de bruços no chão, com as mãos por debaixo dos ombros na posição das "flexões" e os braços flexionados.

Mantendo os quadris o máximo possível rentes ao chão, eleve o tronco, esticando os braços o máximo que puder, de maneira a arquear as costas. Repita dez vezes.

No início, talvez você não alcance a inclinação toda.

Contração abdominal estática

Deite-se de costas, com os joelhos flexionados.

Pressione as costas vigorosamente contra o chão e contraia os músculos do abdômen tão energicamente quanto possível. Conte até dez em voz alta, respirando normalmente. Repita dez vezes.

Alongamento das costas, com as mãos e os joelhos apoiados no chão

Ajoelhe-se e apóie as mãos no chão, distribuindo o peso entre as mãos e os joelhos. Mantenha as pernas e os braços afastados.

Flexione o joelho esquerdo, em direção ao queixo o máximo que puder.

Agora, estenda a perna esquerda para trás, mantendo-a reta e arqueando as costas. Não mova os quadris.

Leve a perna esquerda de volta ao chão.

Volte ao ponto inicial novamente.

Flexione o joelho direito elevando-o em direção ao queixo o máximo que puder.

Estique a perna para trás, mantendo-a erguida e arqueando as costas. Dobre e estique cada perna dez vezes, alternadamente.

CAPÍTULO 4

Exercícios para Recuperar a Boa Forma das Costas

Flexão dos joelhos

Deite-se de costas e flexione os joelhos.

Segure o joelho esquerdo com ambas as mãos e force-o em direção ao peito. Repita dez vezes.

Abaixe a perna esquerda, segure o joelho direito com ambas as mãos e force-o em direção ao peito. Repita dez vezes.

Agora, segure os dois joelhos forçando-os em direção ao peito. Repita dez vezes.

Movimento rotativo dos joelhos

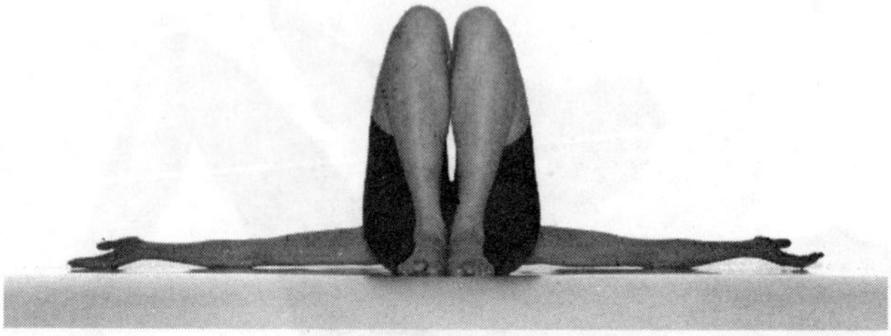

Deite-se de costas, com os joelhos flexionados e os braços abertos na altura dos ombros. Mantenha os ombros rentes ao chão e as pernas unidas.

Mova as pernas para a esquerda o máximo que puder, tocando o chão, se possível.

Agora, mova as pernas para a direita, até tocar o chão, se possível.

Mantenha os ombros rentes ao chão, mas faça com que o quadril se eleve de modo a girar a coluna. Faça as pernas oscilarem da direita para a esquerda em movimentos rítmicos suaves dez vezes.

Exercícios com a pélvis na posição deitada

Deite-se de costas com os joelhos flexionados e os braços estendidos ao lado da cabeça.

Arqueie as costas, de modo a deixar um espaço embaixo da cintura, mantendo os ombros e as nádegas rentes ao chão.

Agora, endireite as costas nivelando-as ao chão, e contraia ao mesmo tempo os músculos do abdômen. Repita dez vezes.

Exercícios com a pélvis na posição sentada

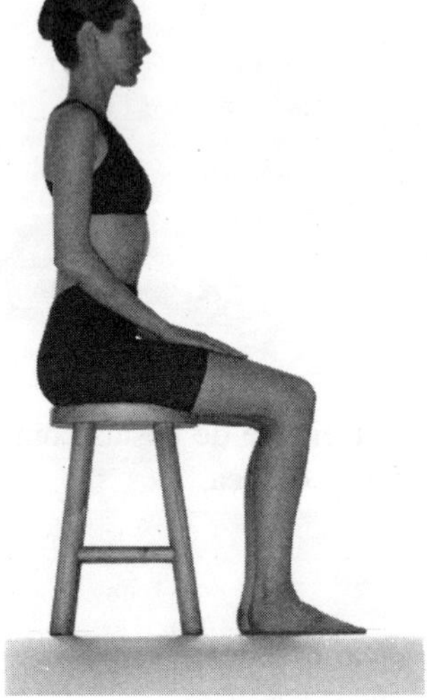

Sente-se numa cadeira com assento duro, ou num banquinho, e arqueie as costas na região da cintura.

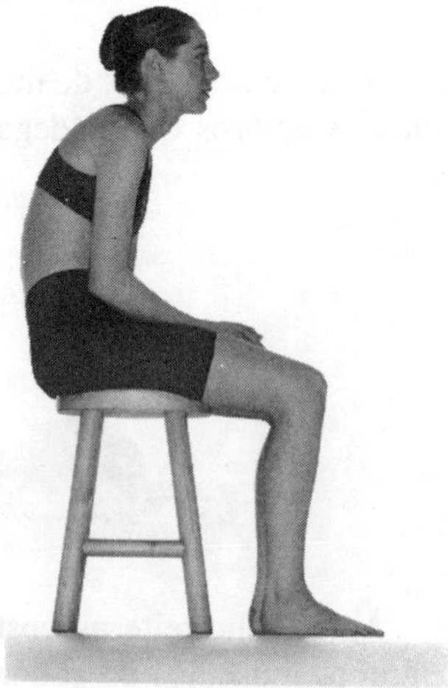

Agora, incline-se para a frente e curve a parte inferior das costas, o máximo que puder. Repita esses movimentos sucessivamente por dez vezes.

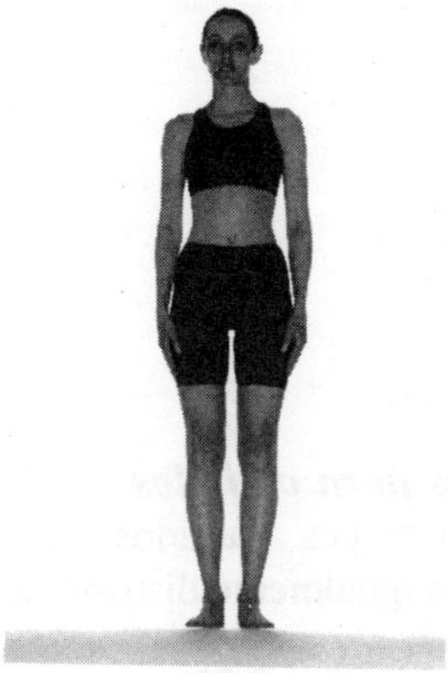

Inclinações laterais

Permaneça em pé com os pés ligeiramente afastados e o peso distribuído igualmente entre eles.

Deslize a mão direita pela perna até que os dedos alcancem a região lateral do joelho. Mantenha os calcanhares apoiados no chão e não flexione o corpo.

Volte à posição ereta e deslize a mão esquerda pela perna até que os dedos alcancem a região lateral do joelho. Repita esse movimento dez vezes, suave e vagarosamente, da direita para a esquerda.

Movimentos alternados para os lados

Continue em pé com os pés afastados cerca de 45 centímetros e o peso igualmente distribuído entre os pés.

Mantendo os ombros retos e os braços relaxados, movimente o quadril direito para o lado.

Volte à posição normal e movimente o quadril esquerdo para o lado. Repita o movimento dos quadris, suavemente, dez vezes, da direita para a esquerda.

Movimentos alternados para trás

Deite-se de bruços, com as mãos embaixo do queixo.

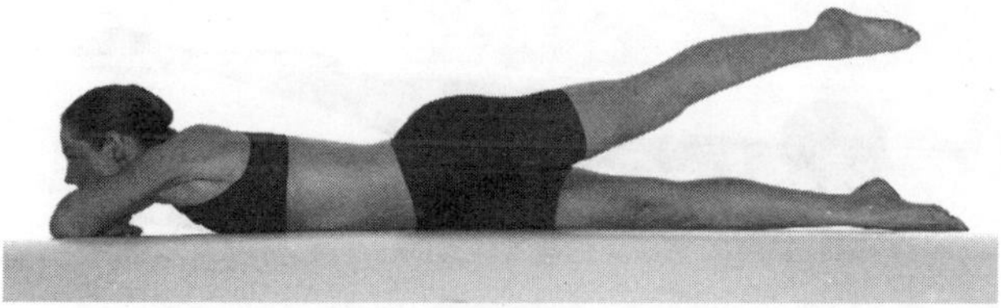

Levante a perna esquerda, impulsionando-a para trás e mantendo-a reta.

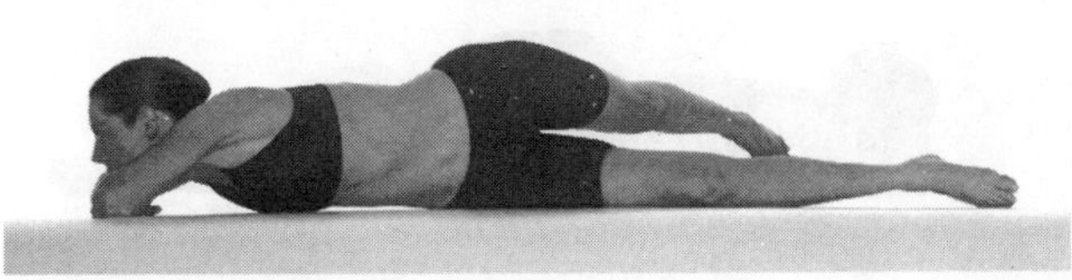

Com os ombros tanto quanto possível imóveis, passe a perna esquerda por sobre a direita, cruzando-as, até que possa tocar o chão com o dedo do pé.

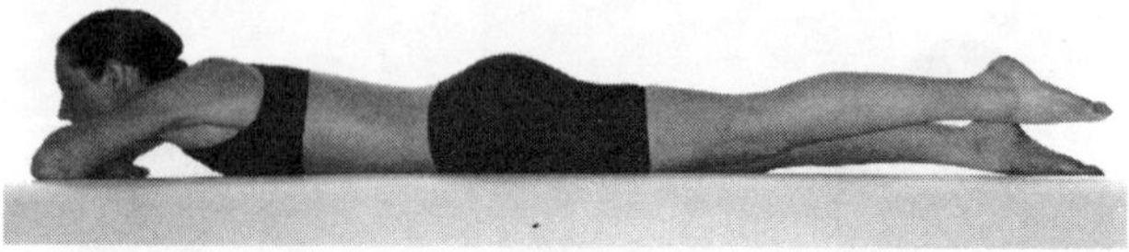

Leve a perna esquerda de volta ao chão.

Agora, levante a perna direita, impulsionando-a para trás e mantendo-a reta.

Mantendo os ombros imóveis, passe a perna direita por sobre a esquerda, cruzando-as, até tocar o chão com o dedo do pé.

Repita esse movimento alternando as pernas dez vezes.

Alongamentos passivos

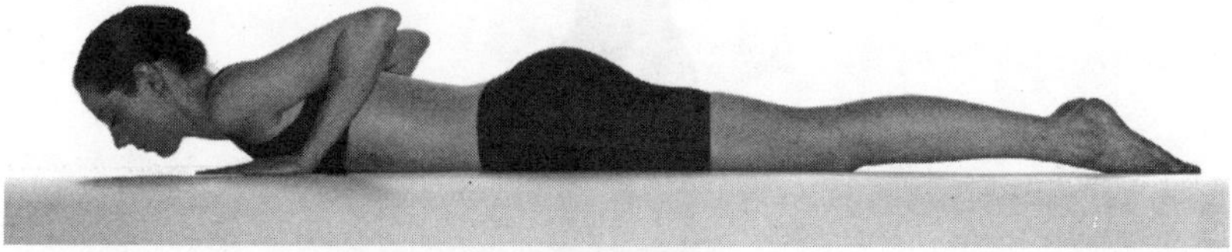

Deite-se de bruços, com as mãos por debaixo dos ombros, na posição de "flexão", e os braços flexionados.

Mantendo os quadris o máximo possível rentes ao chão, eleve o tronco esticando os braços o máximo que puder, de maneira a arquear as costas. Repita dez vezes.

Movimentos alternados na posição sentada

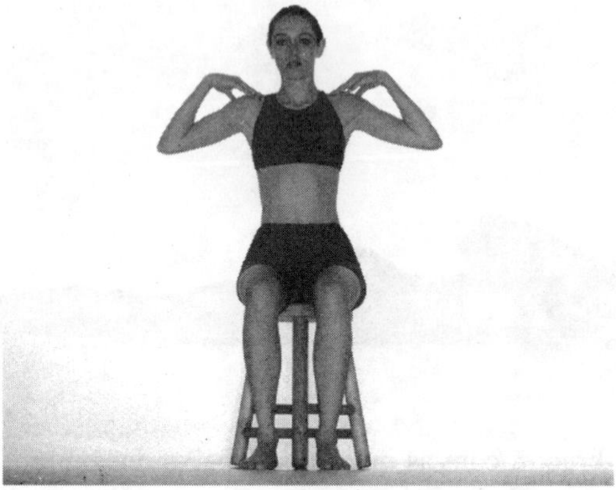

Sente-se numa cadeira de assento duro, ou num banquinho, com as pontas dos dedos pousadas sobre os ombros. Mantenha os pés firmemente apoiados no chão e os joelhos virados para a frente.

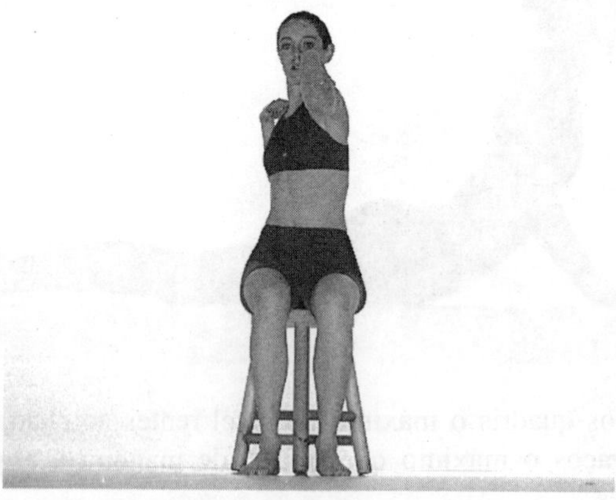

Gire os ombros para a direita, o máximo que puder, sem virar a cabeça.

Agora, vire-se e gire os ombros para a esquerda, o máximo que puder, mas mantendo a cabeça imóvel. Gire para a direita e para a esquerda, num movimento de vai-e-vem, dez vezes.

Contração estática do abdômen

Deite-se de costas com os joelhos flexionados.

Pressione as costas vigorosamente contra o chão e contraia os músculos do abdômen tão energicamente quanto possível. Conte até dez em voz alta, respirando normalmente. Repita dez vezes.

Contrações do abdômen em três posições

Deite-se de costas com os joelhos flexionados e os pés cruzados e afastados do chão.

Estique os braços na direção dos joelhos.

Eleve a cabeça e os ombros, mantendo os braços esticados acima dos joelhos. Mantenha os músculos do abdômen contraídos nessa posição por cinco segundos.

Volte à posição inicial entre cada flexão.

Agora, estique os braços apontando as mãos para a lateral do joelho esquerdo.

Eleve a cabeça e os ombros, apontando as mãos para a lateral do joelho esquerdo. Mantenha os músculos abdominais contraídos nessa posição por cinco segundos.

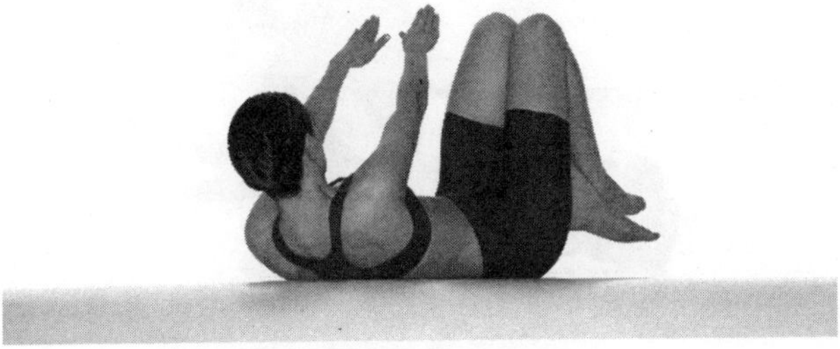

Abaixe e descanse por um segundo.

Agora estique os braços apontando as mãos para a lateral do joelho direito.

Eleve a cabeça e os ombros, apontando as mãos para a lateral do joelho direito. Mantenha os músculos do abdômen contraídos nessa posição por cinco segundos.

Essas três posições formam um **conjunto**. Repita cada conjunto três vezes, fazendo as menores pausas possíveis entre cada movimento.

Contrações do abdômen forçando os joelhos em direção ao peito

Este exercício deve ser feito devagar, prestando-se bastante atenção aos detalhes, e deve começar por movimentos curtos. Caso suas costas arqueiem em relação ao chão, isso se explica pelo fato de você não estar contraindo suficientemente os músculos do abdômen.

Deite-se de costas com os joelhos flexionados e os pés afastados do chão. Mantenha os braços rentes ao chão, ao lado da cabeça.

Levante os joelhos, o máximo que puder, em direção ao tórax, de maneira que as nádegas se elevem ligeiramente.

Mantendo as costas retas e os músculos do abdômen vigorosamente contraídos, abaixe as pernas, não por completo. Levante e abaixe as pernas dez vezes dentro desse arco imaginário.

Alongamento das costas com as mãos e os joelhos apoiados no chão

Ajoelhe-se e apóie as mãos no chão, distribuindo o peso entre as mãos e os joelhos. Mantenha as pernas e os braços afastados.

Flexione o joelho esquerdo em direção ao queixo, o máximo que puder.

Agora, eleve a perna esquerda para trás, mantendo-a reta e arqueando as costas. Não mova os quadris.

Abaixe a perna esquerda até o chão.

Faça o mesmo movimento com a perna direita, tentando aproximar, o máximo que puder, o joelho em relação ao queixo.

Agora, levante a perna direita, mantendo-a reta e arqueando as costas. Flexione e levante cada perna, alternadamente, dez vezes.

Alongamento simples das pernas

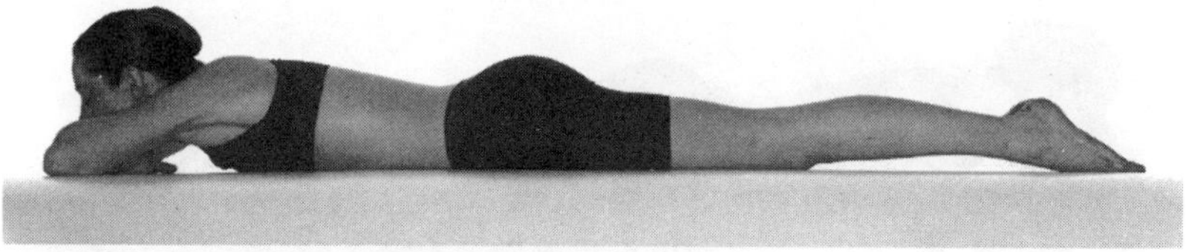

Deite-se de bruços, apoiando o queixo nas mãos.

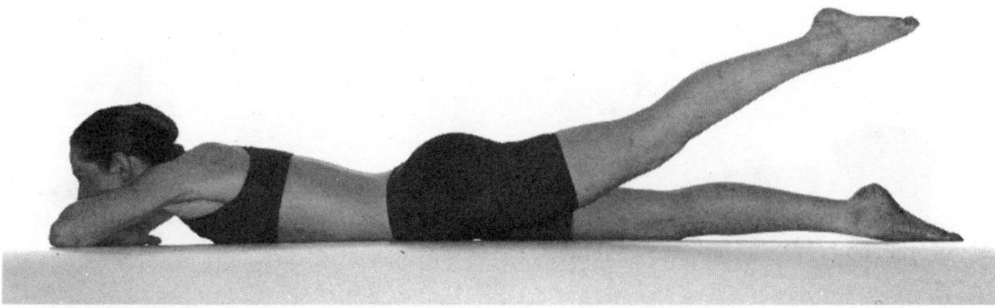

Mantendo as pernas esticadas e os quadris apoiados no chão, levante a perna esquerda o máximo que puder.

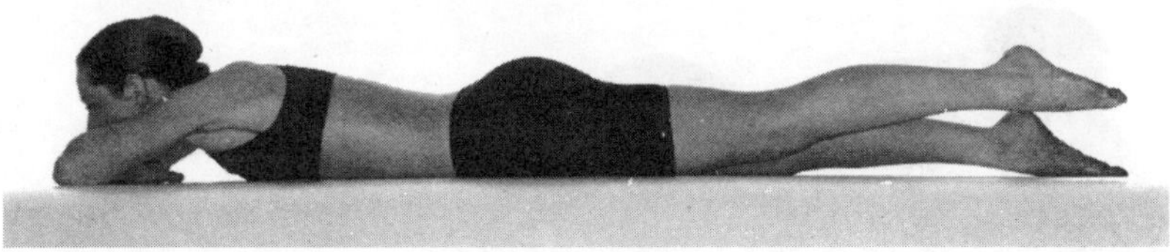

Abaixe a perna esquerda e repita as elevações de cinco a dez vezes, aumentando à medida que se sentir em condições de fazê-lo.

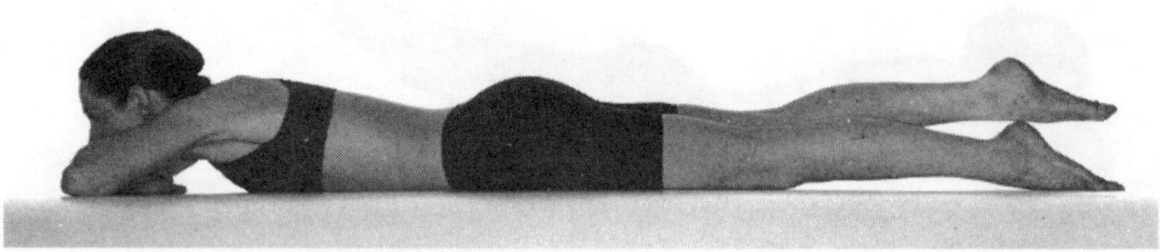

Agora, levante a perna direita.

Levante a perna direita o máximo que puder, sem mexer os quadris.

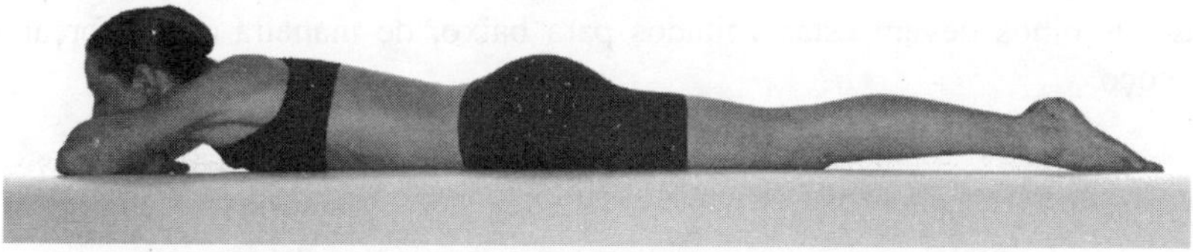

Abaixe a perna direita e repita as elevações de cinco a dez vezes, aumentando à medida que se sentir em condições de fazê-lo.

Elevação da cabeça e dos ombros

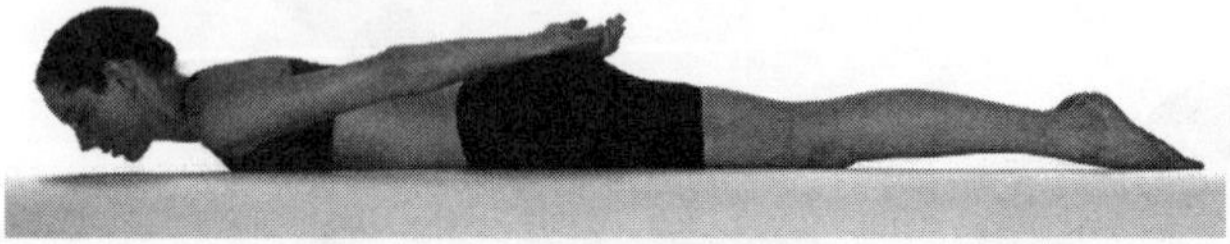

Deite-se de bruços e junte as mãos com firmeza na altura das nádegas.

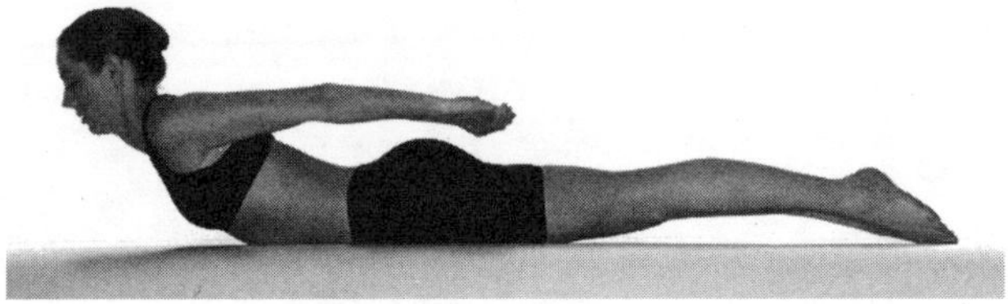

Levante a cabeça e os ombros, esticando, ao mesmo tempo, os braços para trás. Os olhos devem estar voltados para baixo, de maneira a não forçar o pescoço.

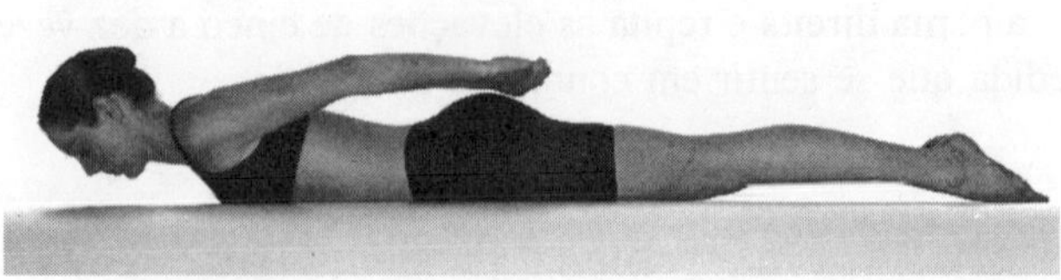

Vá abaixando devagar e repita o exercício, sem interrupção, dez vezes.

Alongamento do tendão das pernas

O tendão da perna localiza-se na região posterior da coxa.

Deite-se de costas e segure firmemente, com as duas mãos, a parte posterior do joelho direito. Mantenha a cabeça encostada no chão.

Levante verticalmente a perna direita contraindo fortemente o músculo da coxa (quadríceps). Mantenha-se nessa posição por vinte segundos.

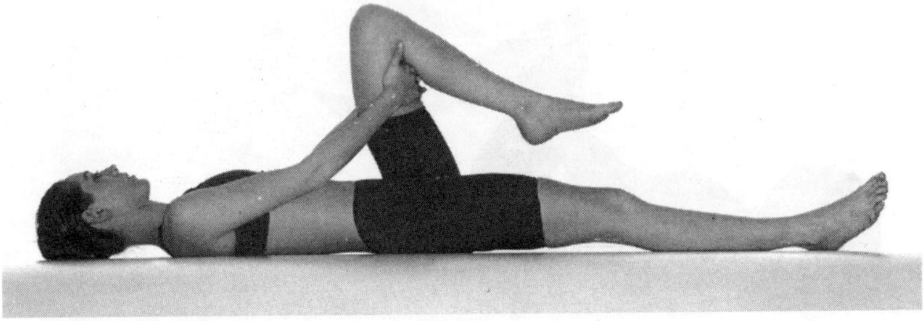

Agora, levante a perna esquerda do mesmo modo.

Eleve a perna ao máximo, forçando o músculo da coxa. Mantenha a cabeça e a perna direita encostadas no chão. Mantenha-se nessa posição por vinte segundos.

Alongamento dos quadríceps

O quadríceps localiza-se na região anterior da coxa.

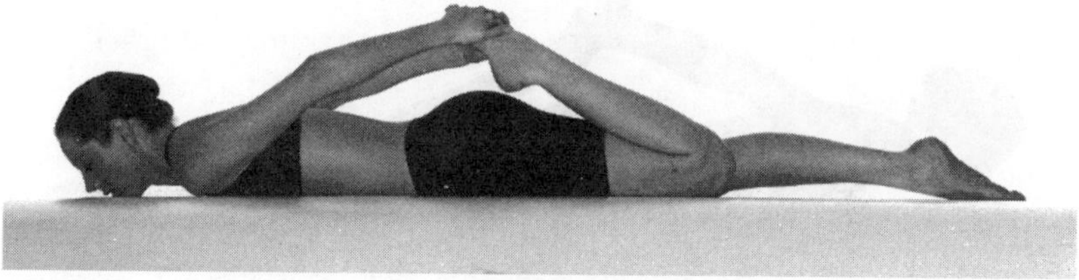

Deite-se de bruços e segure firmemente o pé esquerdo com ambas as mãos.

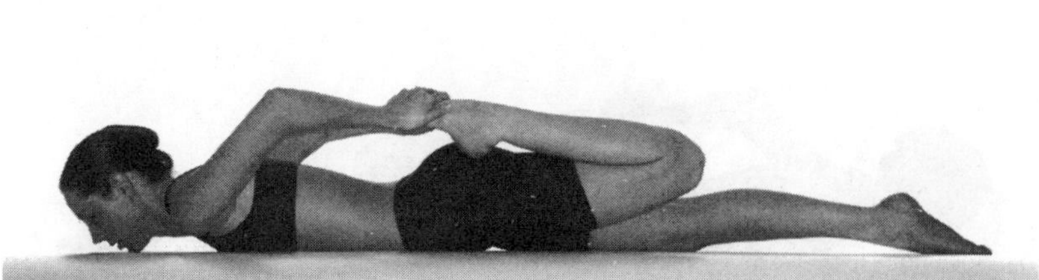

Puxe o calcanhar em direção à nádega, levantando levemente o joelho. Mantenha-se nessa posição por vinte segundos.

Repita o mesmo exercício, segurando firmemente o pé direito com as duas mãos.

Puxe firmemente o calcanhar em direção à nádega, levantando levemente o joelho. Mantenha-se nessa posição por vinte segundos.

Alongamento iogue

Esta posição permitirá o alongamento de vários músculos da região inferior das costas e dos quadris.

Sente-se no chão com a perna esquerda esticada e a direita flexionada com o pé direito encostado no joelho esquerdo. Gire o tronco para a **direita**, colocando o cotovelo esquerdo ao lado do joelho direito, apoiando o tronco com a mão direita, enquanto gira os ombros para a **direita**, o máximo que puder. Mantenha-se nessa posição por vinte segundos.

Agora, vire-se para o lado oposto. Estique a perna direita e flexione a esquerda colocando o pé esquerdo à direita do joelho direito. Gire o tronco para a **esquerda**, apoiando o cotovelo direito no joelho esquerdo e apoiando-se com a mão esquerda no chão enquanto gira os ombros para a **esquerda**, o máximo que puder. Mantenha-se nessa posição por vinte segundos.

Exercício com as pernas flexionadas à guisa de salto de obstáculo

Esta posição permite alongar a região lateral das costas, os quadris e os músculos da coxa.

Sente-se no chão, com a perna direita flexionada para fora e a perna esquerda flexionada para dentro, com os joelhos afastados ao máximo um do outro.

Tente alinhar a coxa esquerda com os ombros. Force o tronco, ao máximo, para cima, apoiando a mão esquerda no joelho esquerdo. Mantenha-se nessa posição durante vinte segundos.

Inverta a posição das pernas, flexionando a perna esquerda para fora e a direita para dentro com os joelhos afastados ao máximo um do outro. Tente alinhar a coxa direita com os ombros e force o tronco ao máximo para cima, apoiando-se com a mão direita sobre o joelho direito. Mantenha-se nessa posição durante vinte segundos.

Sentando-se com as pernas cruzadas

Este alongamento é recomendado para o lado interno da coxa.

Sente-se no chão com as pernas cruzadas e as mãos apoiadas nos joelhos.

Force os joelhos para baixo com as mãos. Mantenha-se nessa posição por vinte segundos.

Movimentos com as pernas esticadas

Trata-se de um bom alongamento para a parte inferior das costas, especialmente quando existe dor persistente num dos lados e endurecimento. Também é benéfico para o abdômen, os quadris e os músculos da coxa.

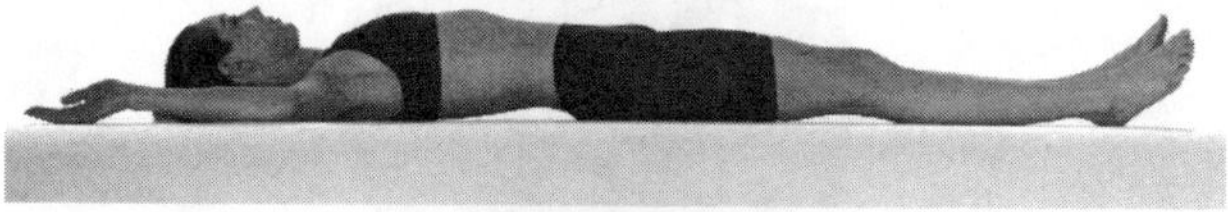

Deite-se de costas, com as pernas esticadas e as mãos ao lado da cabeça.

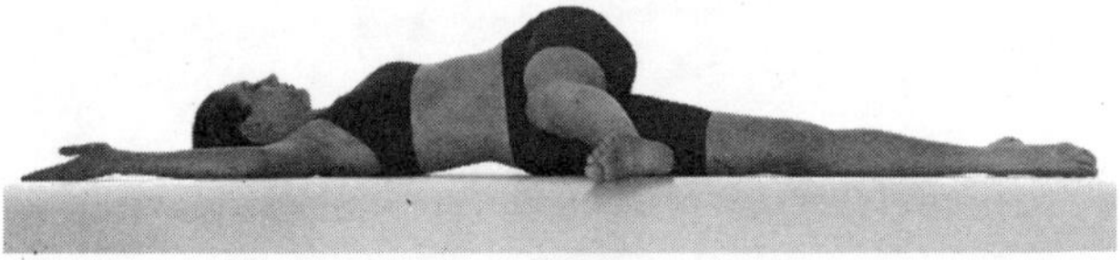

Mantendo os ombros imóveis no chão, erga e gire a perna esquerda por sobre a perna direita e, mantendo-a esticada, toque o chão com o pé. Mantenha-se nessa posição por vinte segundos.

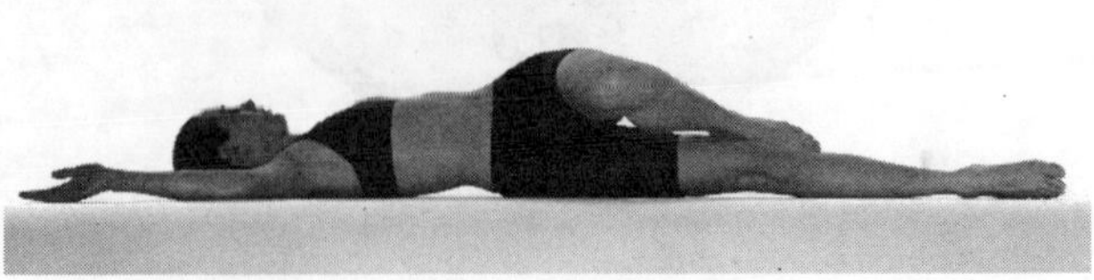

Leve a perna esquerda de volta ao chão.

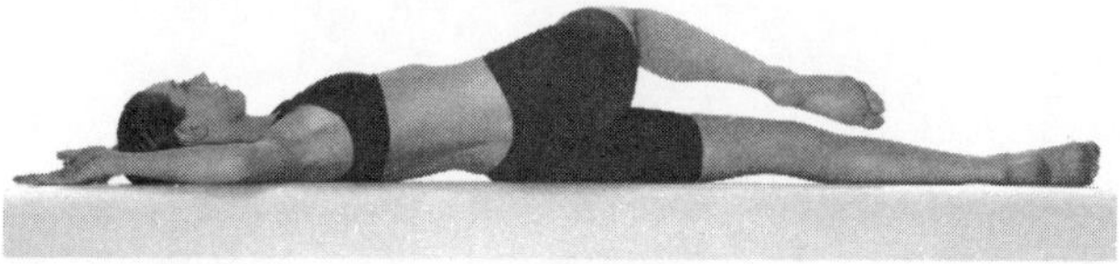

Inicie o alongamento com o lado oposto.

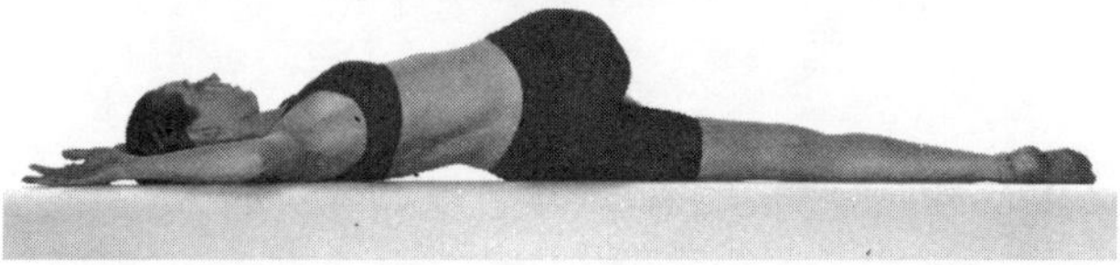

Mantendo os ombros tão imóveis quanto possível, erga e gire a perna direita para o lado oposto da perna esquerda e, mantendo-a esticada, toque o chão com o pé. Mantenha-se nessa posição por vinte segundos.

Leve a perna direita de volta ao chão.

CAPÍTULO 5

Os Dez Minutos Diários que Vão Mantê-lo em Forma

• Flexão dos joelhos: 20 vezes	20 segundos
• Movimento rotativo dos joelhos: 20 vezes	20 segundos
• Alongamento passivo: 10 vezes	20 segundos
• Alongamento completo das costas com as mãos nas orelhas: 20 vezes	30 segundos
• Contrações abdominais com as mãos sobre as orelhas em três posições: 5 vezes	2 minutos
• Contrações abdominais forçando os joelhos em direção ao peito: 20 vezes	30 segundos
• Contrações abdominais reversas:	1 minuto
• Movimentos à maneira de pedalar:	1 minuto
• Alongamento do tendão das pernas:	1 minuto
• Alongamento dos quadríceps:	1 minuto
• Alongamento iogue:	1 minuto
• Alongamento com a cabeça inclinada para a frente:	1 minuto
	10 minutos

Os exercícios acima enumerados devem ser praticados rápida e ininterruptamente para que não excedam o período de dez minutos, o que, com a prática, pode ser conseguido. Eles devem ser usados como guia na elaboração de um programa de manutenção mais personalizado. A seleção acima obedece aos critérios de aquecimento, fortalecimento das regiões lombar e abdominal, e alongamento; mesmo assim, pode haver nos capítulos precedentes outros exercícios que sejam mais adequados às necessidades do leitor, às quais deve adaptar as sugestões acima.

Flexão dos joelhos

Deite-se de costas e flexione os joelhos.

Segure os joelhos com as mãos, forçando-os em direção ao peito. Repita vinte vezes, sem interrupção.

Movimento rotativo dos joelhos

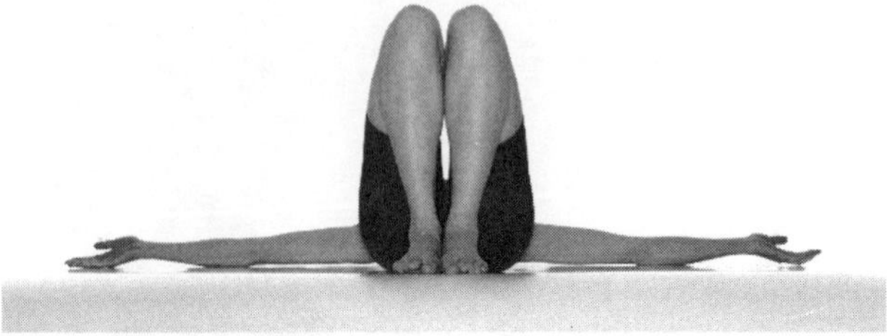

Deite-se de costas, com os joelhos flexionados e os braços abertos na altura dos ombros.

Mantenha os ombros encostados no chão e as pernas unidas.

Mova os joelhos para a direita o máximo que puder, de maneira a tocar o chão, se possível.

Agora, mova os joelhos para a esquerda, e toque o chão. Mantenha os ombros encostados no chão, mas faça com que o quadril se eleve de modo a girar a coluna. Faça as pernas oscilarem da direita para a esquerda em movimentos rítmicos vinte vezes.

Alongamento passivo

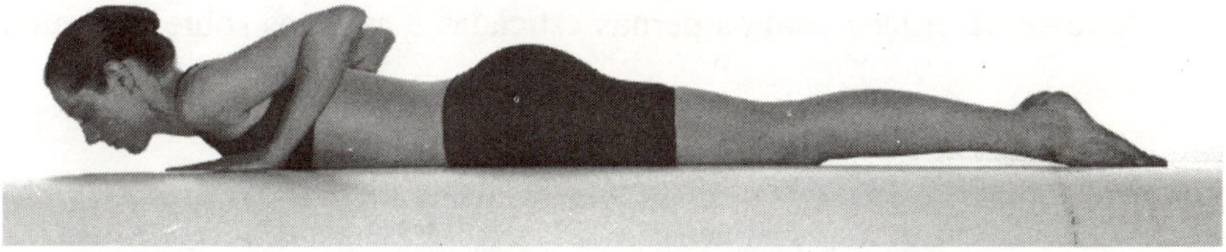

Deite-se de bruços, com as mãos por debaixo dos ombros na posição de "flexão" e os braços flexionados.

Mantendo os quadris o máximo possível rentes ao chão, eleve o tronco flexionando os braços, o máximo que puder de maneira a arquear as costas.

Repita dez vezes.

Alongamento completo das costas com as mãos nas orelhas

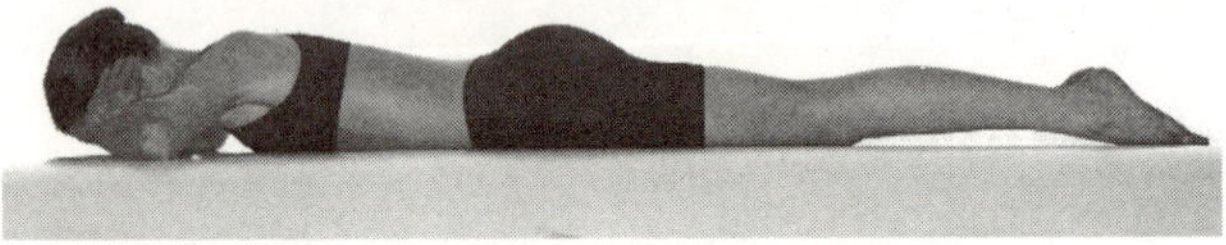

Deite-se de bruços com as pernas esticadas e as mãos sobre as orelhas.

Erga simultaneamente a cabeça, os ombros e as pernas, arqueando o corpo todo. Os olhos devem ficar voltados para o chão, de modo a não forçar a nuca.

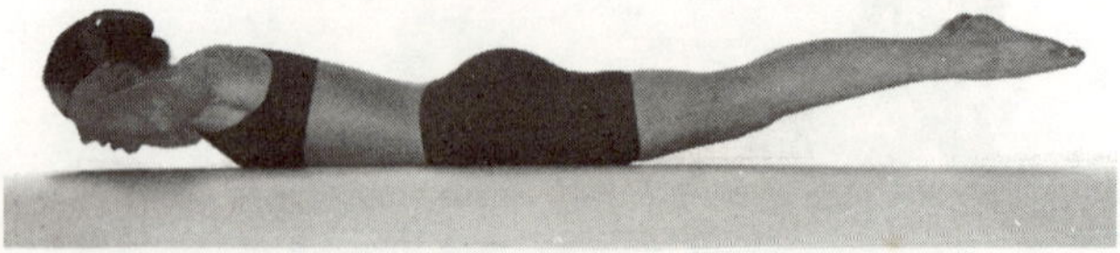

Baixe o tronco e as pernas por um segundo e torne a levantá-los. Repita as elevações vinte vezes, sem pausa.

Contrações abdominais com as mãos por trás das orelhas

Deite-se no chão com os joelhos flexionados.

Erga as pernas ligeiramente e cruze-as. Coloque as mãos por trás das orelhas.

Force o tronco para cima e flexione a nuca e os ombros, mantendo o pescoço tão relaxado quanto possível. Mantenha-se nessa posição por cinco segundos.

Abaixe o tronco durante alguns segundos.

Agora, flexione e gire o corpo para a direita, levando os cotovelos em direção ao joelho direito. Mantenha-se nessa posição por cinco segundos, contraindo fortemente os músculos do abdômen.

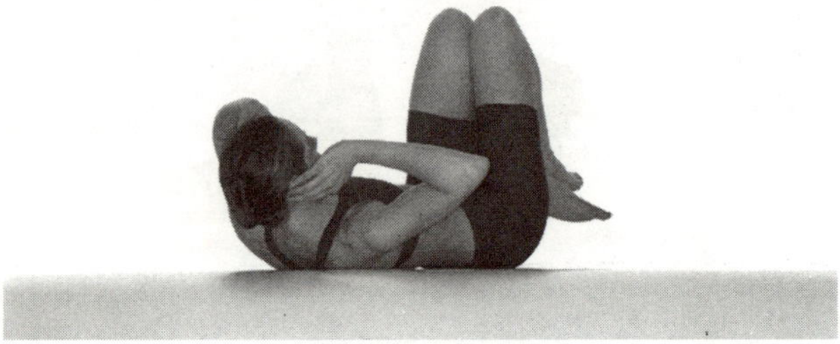

Abaixe novamente o tronco durante alguns segundos.

Agora, flexione e gire o corpo para a esquerda, levando os cotovelos em direção ao joelho esquerdo. Permaneça nessa posição por cinco segundos, contraindo intensamente os músculos do abdômen.

Essas três posições formam um **conjunto**. Repita esses exercícios cinco vezes.

Contrações abdominais com os joelhos flexionados

Deite-se de costas com os joelhos flexionados e os pés afastados do chão. Mantenha as mãos acima da cabeça.

Force os joelhos em direção ao peito o máximo que puder, de maneira a levantar ligeiramente as nádegas.

Mantendo as costas junto ao chão e os músculos abdominais contraídos, baixe os joelhos lentamente. Levante-os e baixe-os suavemente vinte vezes.

Contrações abdominais reversas

Sente-se no chão com os joelhos flexionados e os calcanhares forçados para trás o máximo possível. Coloque as mãos sobre as orelhas e o queixo abaixado sobre o peito.

Mantendo-se na posição acima, abaixe o tronco para trás, lentamente, até que os pés queiram despegar-se do chão. Detenha-se imediatamente nesse ponto, e mantenha-se nessa posição por dez segundos.

Eleve o tronco, mas mantenha-se na mesma posição.

Agora, abaixe o tronco, mas torça-o para o lado direito, mantendo os pés apoiados no chão. Mantenha-se nessa posição por dez segundos.

Volte à posição inicial.

Agora, abaixe o tronco, torcendo-o para a esquerda e mantendo os pés apoiados no chão. Mantenha-se nessa posição por dez segundos.

Essas três posições formam um **conjunto**. Repita-o três vezes.

Movimentos à maneira de pedalar

Deite-se de costas, com os joelhos flexionados e os pés afastados do chão.

Posicione as coxas verticalmente, mas mantenha os joelhos flexionados.

Comece fazendo pequenos movimentos de pedalar com os pés, mantendo as pernas na vertical e tensos os músculos do abdômen.

Mantenha ininterruptos os movimentos de pedalagem por trinta segundos. Não deixe que as pernas saiam da posição vertical.

Alongamento do tendão das pernas

O tendão das pernas localiza-se na parte posterior da coxa.

Deite-se de costas e segure firmemente, com ambas as mãos, a parte posterior do joelho direito. Mantenha a nuca relaxada junto ao chão.

Levante verticalmente a perna direita, contraindo fortemente o músculo da coxa quadríceps. Mantenha-se nessa posição por vinte segundos.

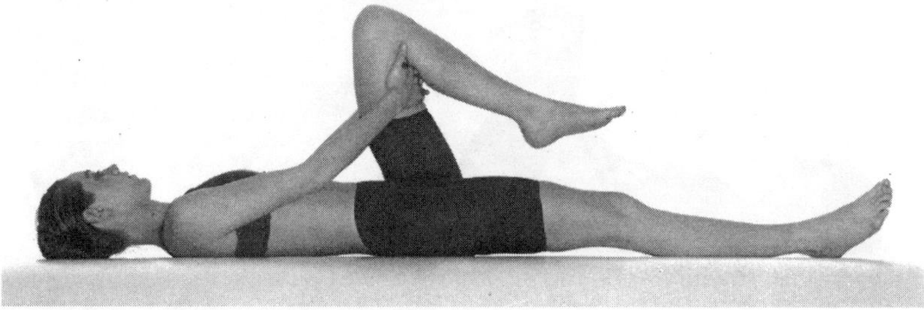

Agora, segure a perna esquerda do mesmo modo.

Estique a perna ao máximo, forçando o músculo da coxa. Mantenha a cabeça e a perna direita relaxadas no chão. Mantenha-se nessa posição por vinte segundos.

Alongamento do quadríceps

O quadríceps localiza-se na parte anterior da coxa.

Deite-se de bruços e segure firmemente o pé esquerdo com ambas as mãos.

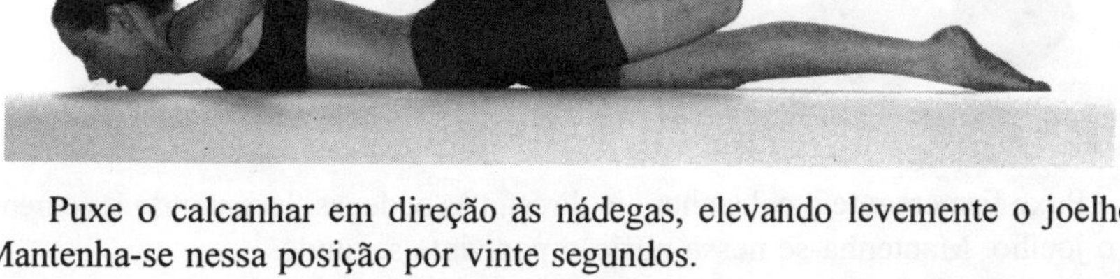

Puxe o calcanhar em direção às nádegas, elevando levemente o joelho. Mantenha-se nessa posição por vinte segundos.

Repita o mesmo exercício, segurando firmemente o pé direito com ambas as mãos.

Puxe firmemente o calcanhar em direção às nádegas, levantando levemente o joelho. Mantenha-se nessa posição por vinte segundos.

Alongamento iogue

Esta posição permitirá o alongamento de vários músculos da região inferior das costas e dos quadris.

Sente-se no chão com a perna esquerda esticada e a direita flexionada com o pé direito ao lado do joelho esquerdo; gire o tronco para a **direita**, descansando o cotovelo esquerdo no joelho direito, e apoiando-se na mão direita, enquanto gira os ombros para a direita, o máximo que puder. Mantenha-se nessa posição por vinte segundos.

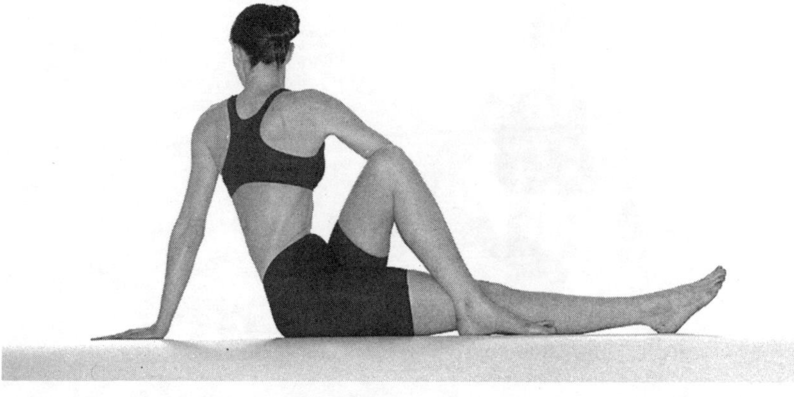

Agora, vire-se para o lado oposto. Estique a perna direita e flexione a perna esquerda colocando o pé esquerdo ao lado do joelho direito. Gire o tronco para a **esquerda**, descansando o cotovelo direito no joelho esquerdo, e apoiando-se na mão esquerda enquanto gira os ombros para a **esquerda** o máximo que puder. Mantenha-se nessa posição por vinte segundos.

Alongamento com a cabeça inclinada para a frente

Este exercício deve ser feito devagar e com cuidado. Faça-o por partes: primeiro, abaixe o queixo, em seguida, estique uma das pernas e, finalmente, flexione o pé. Você sentirá os músculos alongando-se desde a nádega até o pé. Caso sinta muita dor, pare.

Sente-se num banquinho ou numa cadeira com as mãos unidas atrás das costas e o queixo contraído sobre o peito. Lentamente, estique a perna direita e eleve o pé. Mantenha-se nessa posição por vinte segundos.

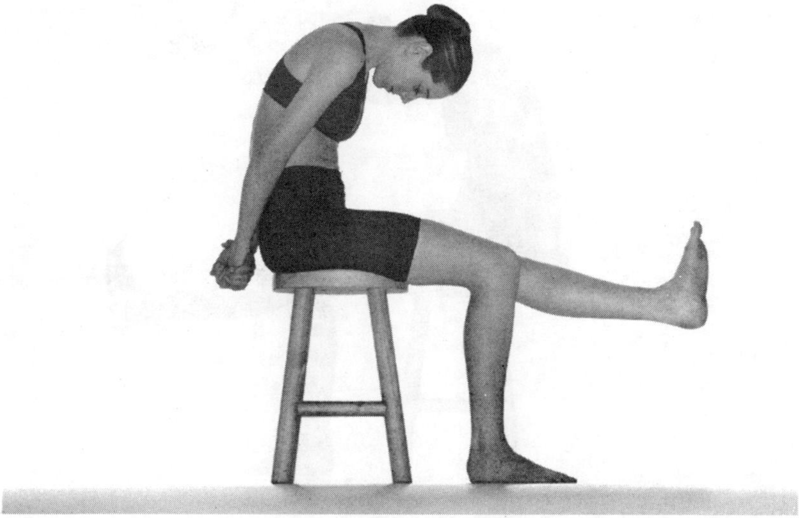

Agora, estique a perna esquerda. Não se esqueça de fazer o movimento lentamente e de manter-se nessa posição por vinte segundos.

CAPÍTULO 6

Testes de Mobilidade

Testes de mobilidade

Todos nós, à medida que os anos passam, vamos perdendo a mobilidade. Deve-se isso, sobretudo, ao fato de que, em média, utilizamos apenas 60% da capacidade dos movimentos do corpo. Quando jovens, corremos de um lado para outro, praticando esportes, dançando, enfim, usando todos os músculos e articulações até os limites máximos de que a natureza nos dotou. Todavia, à medida que envelhecemos, nossas expectativas mudam e nosso corpo torna-se menos flexível, o que não é inevitável, se nós nos mantivermos saudáveis, praticando regularmente exercícios e alongamentos. Todos conhecemos pessoas que, mesmo aos oitenta, mantêm a mobilidade, por causa de suas atividades. São essas pessoas que mantêm a aparência jovem e se sentem bem.

Se perdemos a mobilidade, é porque deixamos de usá-la.

Houve tempo em que podíamos fazer tudo isso...

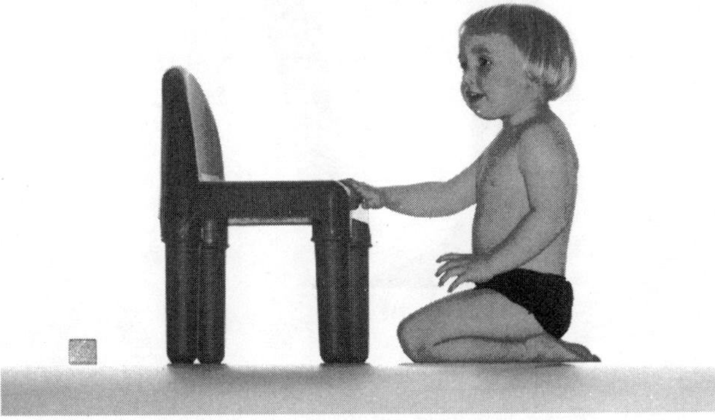

E mais isto...

E isto.

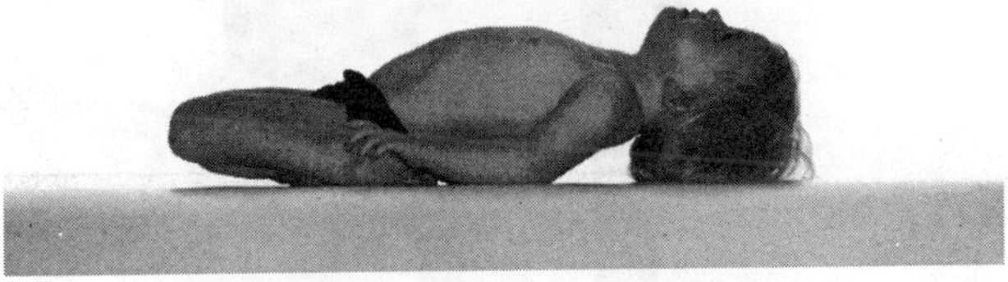

Os seguintes testes de mobilidade devem ser feitos regularmente, a fim de avaliarmos o nível geral de flexibilidade. Faça apenas um deles, flexionando-se o máximo que puder, sem sofrer dor e mantendo-se na posição por pouco tempo. Se em alguma região sentir rigidez ou dor, pratique os exercícios do Capítulo 4.

Em posição ereta, com os pés ligeiramente afastados, incline-se devagar até alcançar o chão com as mãos mantendo os joelhos retos. Pare quando sentir tensão nos músculos.

Incline-se para trás, fazendo as mãos deslizarem pelas coxas e mantendo os joelhos retos.

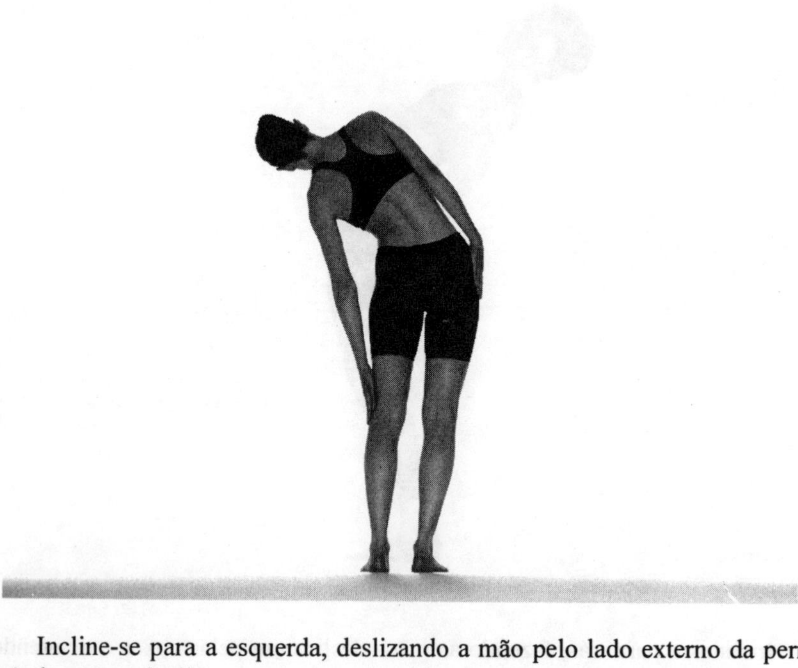

Incline-se para a esquerda, deslizando a mão pelo lado externo da perna até alcançar o joelho.

Incline-se para a direita, deslizando a mão pelo lado externo da perna até alcançar o joelho.

Em posição ereta com os pés afastados e os ombros retos, movimente os quadris para a direita.

Em posição ereta, com os pés afastados e os ombros retos, movimente os quadris para a esquerda.

Sente-se numa cadeira de assento duro ou num banquinho com as mãos sobre a nuca e gire o tronco para a direita.

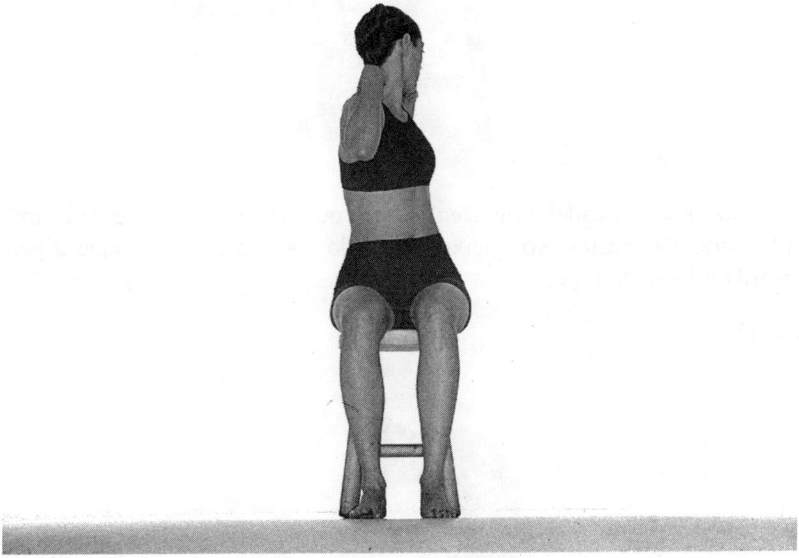

Agora, gire o tronco para a esquerda.

Sente-se numa cadeira de acento duro, ou num banquinho, com as mãos unidas atrás das costas e o queixo contraído sobre o peito. Estique a perna esquerda e flexione o pé.

Agora, estique a perna direita e flexione o pé.

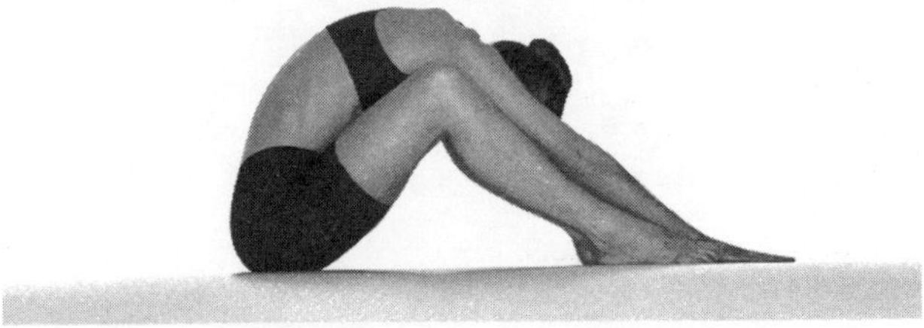

Sente-se no chão com os joelhos flexionados e os pés afastados. Estique os braços, de maneira a alcançar os pés, e descanse a cabeça entre os joelhos.

CAPÍTULO 7

Exercícios no Escritório

1. Movimentos alternados do tronco na posição sentada

Se o seu trabalho o obriga a ficar sentado por muito tempo, os seguintes exercícios podem ser praticados junto à escrivaninha ou sentado numa cadeira, no próprio escritório. Devem ser feitos de hora em hora, a fim de evitar rigidez e o aparecimento de dores. Podem também ser feitos em outras ocasiões em que seja necessário manter-se sentado por um longo tempo como, por exemplo, num avião, ou ônibus, ou ainda no seu carro, caso você pare num local conveniente no decorrer de uma viagem longa.

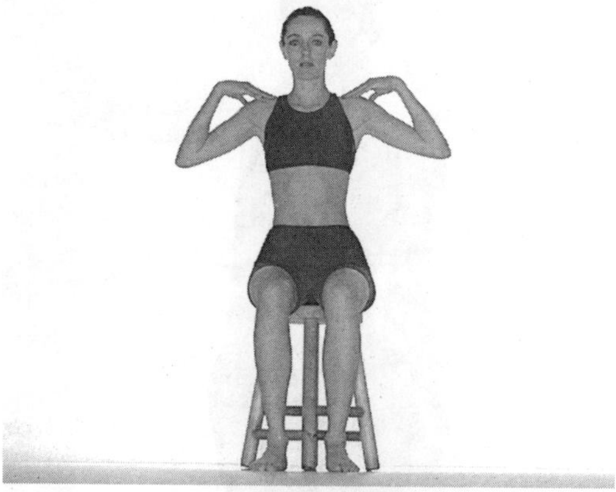

Sente-se na sua cadeira de trabalho ou num assento firme. Coloque as mãos sobre os ombros. Gire o tronco ao máximo para a esquerda e, em seguida, para a direita, num movimento oscilante. Mantenha imóvel a cabeça, de maneira a não forçar a nuca. Balance o tronco da esquerda para a direita vinte vezes.

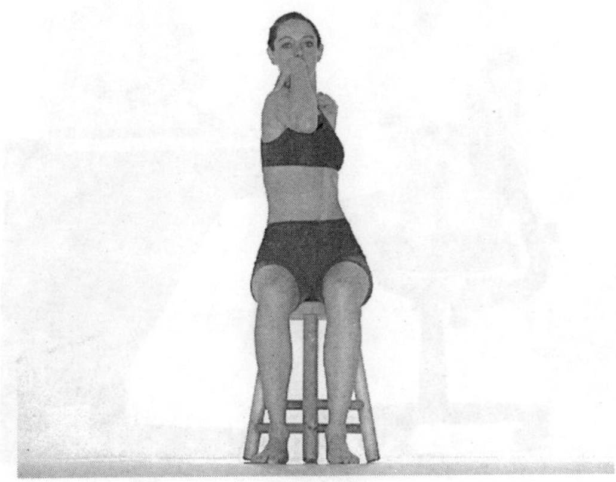

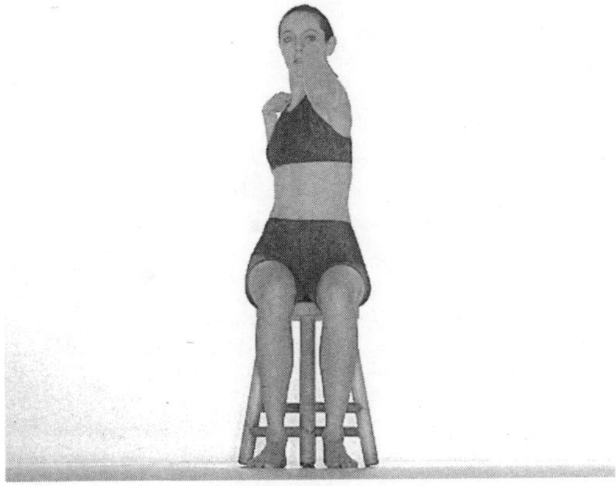

2. Alongamentos alternados

Sente-se numa cadeira firme com espaldar. A cadeira de escritório é a ideal. Encoste totalmente o tronco ao espaldar e vire-o para a direita, segurando-se ao espaldar com ambas as mãos. Mantenha-se nessa posição por vinte segundos.

Em seguida, vire o tronco para a esquerda e mantenha-se nessa posição por vinte segundos. Force o tronco o máximo que puder para ambos os lados.

3. Movimentos alternados dos quadris para os lados

Sente-se na sua cadeira de escritório e concentre todo o peso sobre a nádega esquerda; em seguida, mude todo o peso para a nádega direita. Mantenha os ombros retos. Movimente-se da esquerda para a direita vinte vezes.

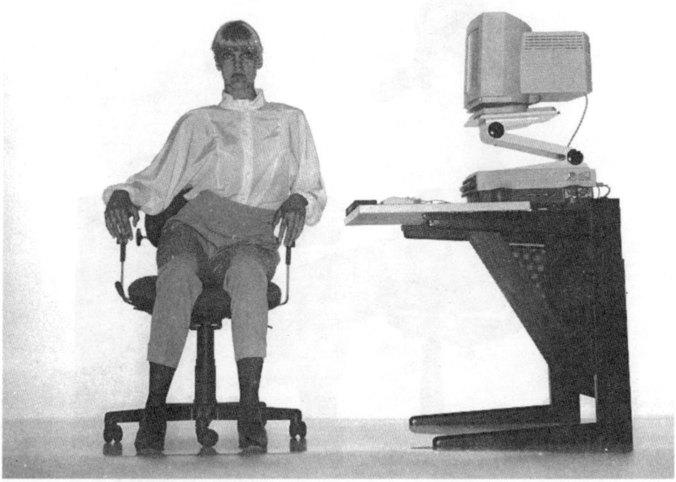

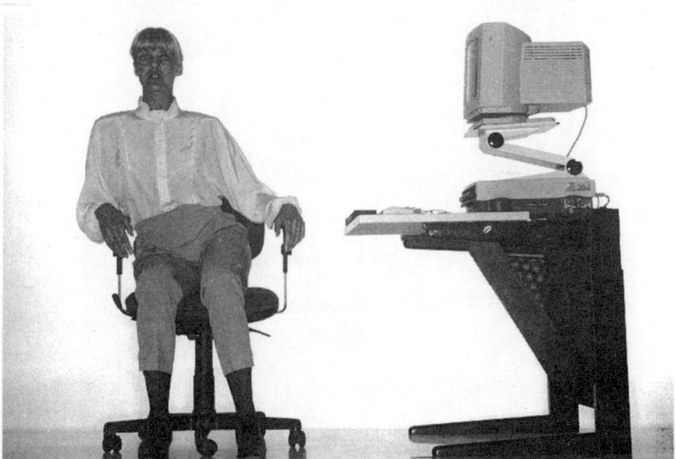

4. Flexão dos joelhos sobre a cadeira com a ajuda das mãos

Sente-se na sua cadeira de escritório. Segure o joelho direito com ambas as mãos e force-o em direção ao peito dez vezes. Em seguida, faça o mesmo em relação ao joelho esquerdo, também dez vezes.

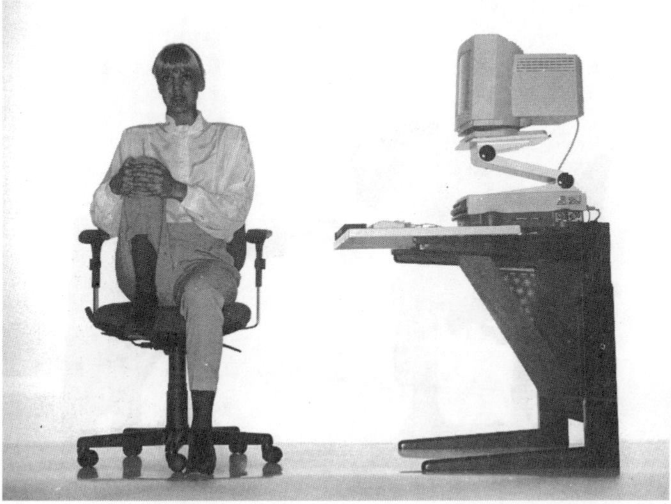

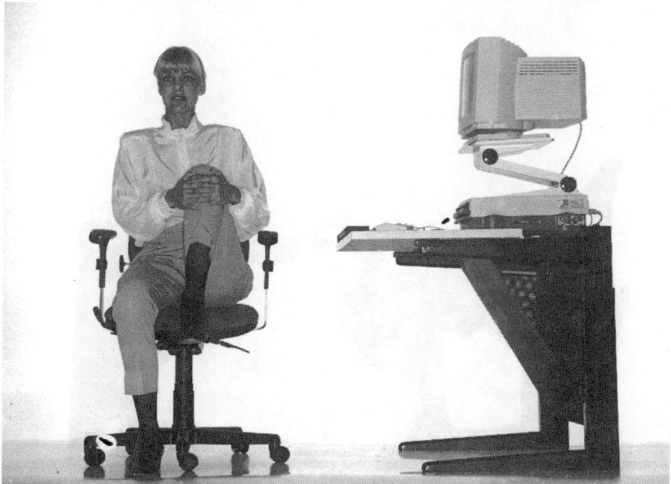

5. Flexão com os dedos das mãos tocando o chão

Sente-se na sua cadeira de escritório e estique os braços por entre as pernas até alcançar o chão. Levante e abaixe o tronco dez vezes.

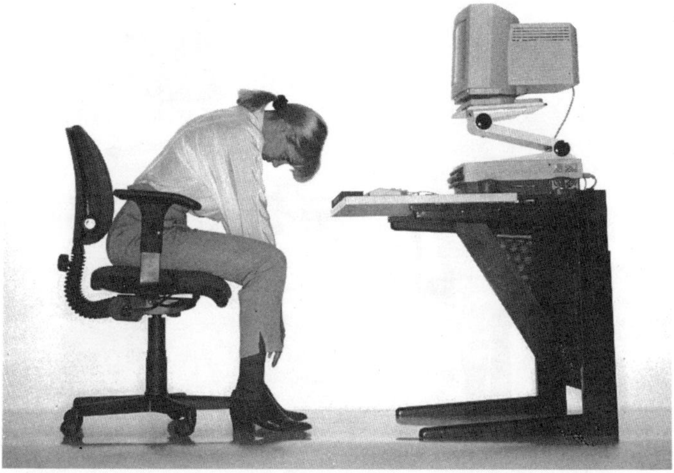

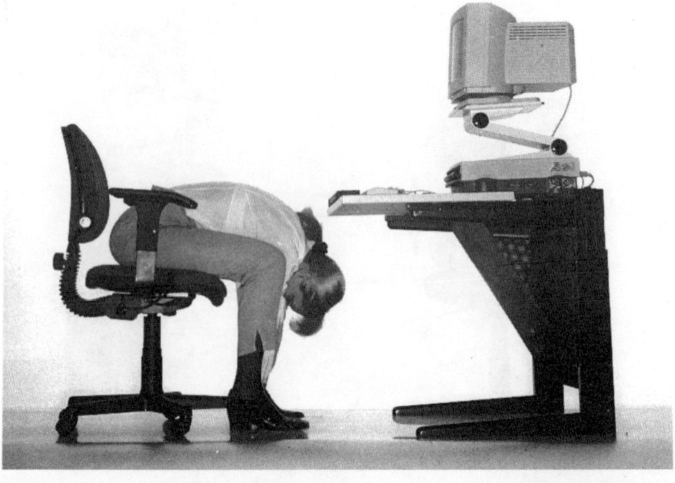

6. Movimentos alternados dos quadris com apoio

Em pé, próximo a uma parede e com os pés unidos, apóie-se com o cotovelo esquerdo na parede. O corpo, apoiado pelos pés, deve ficar inclinado. Flexione o quadril, movendo-o em direção à parede, sem torcer o corpo; em seguida, volte à posição anterior, repetindo esse movimento dez vezes. Agora, invertendo os lados, apóie o cotovelo direito na parede e repita o exercício, flexionando para a direita dez vezes.

7. Exercícios com a pelve

Sente-se na sua cadeira e arqueie as costas o máximo que puder, curvando-a e endireitando-a em seguida. Balance o tronco, fazendo esses movimentos dez vezes.

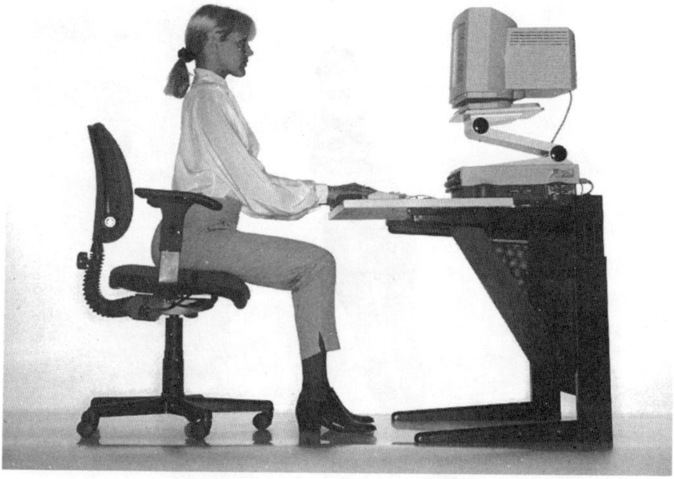

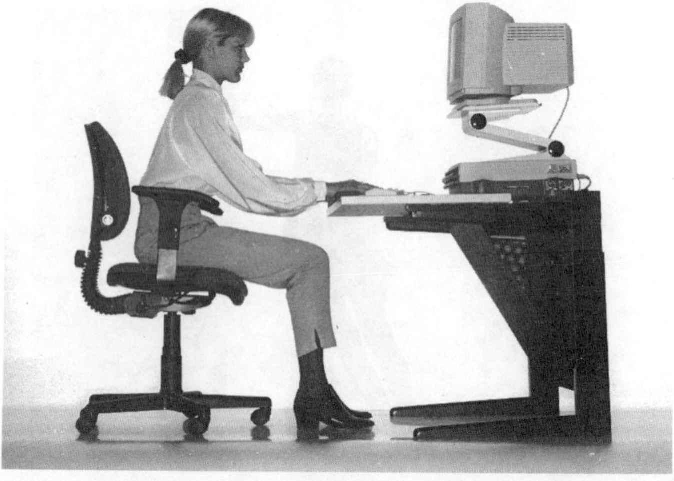

8. Contração do abdômen

Neste exercício, o abdômen aparece exposto, de maneira a mostrar o efeito da contração muscular. O praticante pode, no entanto, estar completamente vestido, sentado ou deitado. Na primeira posição, o abdômen é visto descontraído e saliente, mesmo numa pessoa magra. Para contrair o abdômen, endireite as costas e force a parede do abdômen para dentro. Mantenha-se firme nessa posição por vinte segundos, contados em voz alta. Convém praticar enquanto se está ao telefone, até que possa manter-se assim por períodos cada vez mais longos. As costas freqüentemente doem quando se tem que ficar em pé por muito tempo, mas sentir-se-á menos dor quando se mantêm tensos os músculos do abdômen.

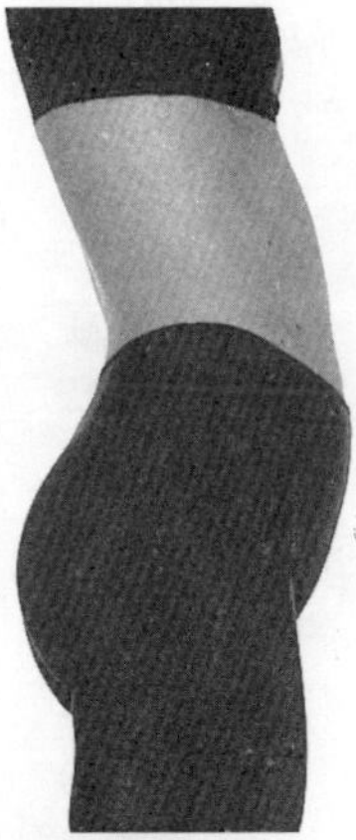

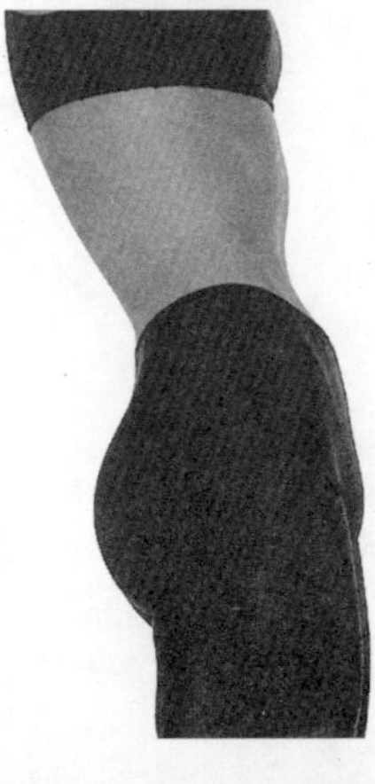

CAPÍTULO 8

Posições de Repouso Recomendadas

Posições de repouso

Se as costas ainda apresentarem, intermitentemente, algum incômodo ou se se cansarem com facilidade, as seguintes posições de repouso devem ajudá-lo a aliviar a dor e a relaxar as contrações musculares; estas últimas, aliás, provocam grande cansaço. Um repouso de dez minutos, feito oportunamente, pode permitir que você trabalhe normalmente. Para isso, é preciso interromper as atividades e repousar, assim que sentir que a dor aumenta. Tente descansar durante dois ou três minutos dentro do período de trabalho, até se sentir completamente recomposto. Pode-se até deitar no chão, caso seja necessário.

Deitar-se com travesseiros embaixo dos joelhos

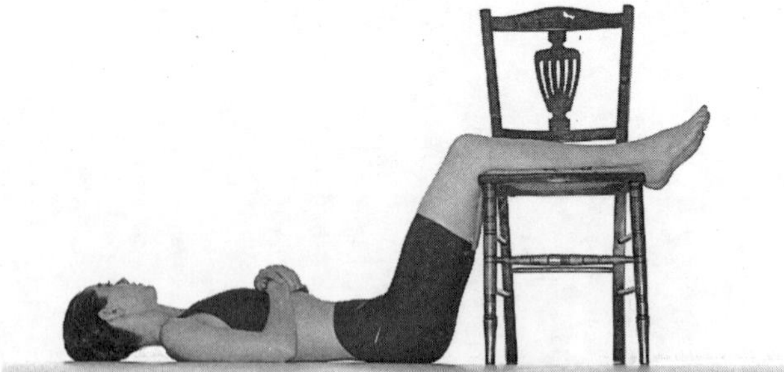

Deitar-se com as pernas apoiadas numa cadeira

Deite-se de bruços com os braços estendidos paralelamente aos ombros. Apóie-se nos braços de maneira a arquear as costas. Essa posição aliviará a dor nas pernas, fazendo-a concentrar-se na região lombar, graças à descompressão das raízes do nervo molestadas pelo disco. Essa é também uma posição recomendada quando se lê, quando se brinca com as crianças ou se assiste à televisão. Com a prática, você estará apto a se manter nessa posição durante vários minutos.

Repouso com o tronco apoiado nos braços

CAPÍTULO 9

Posturas

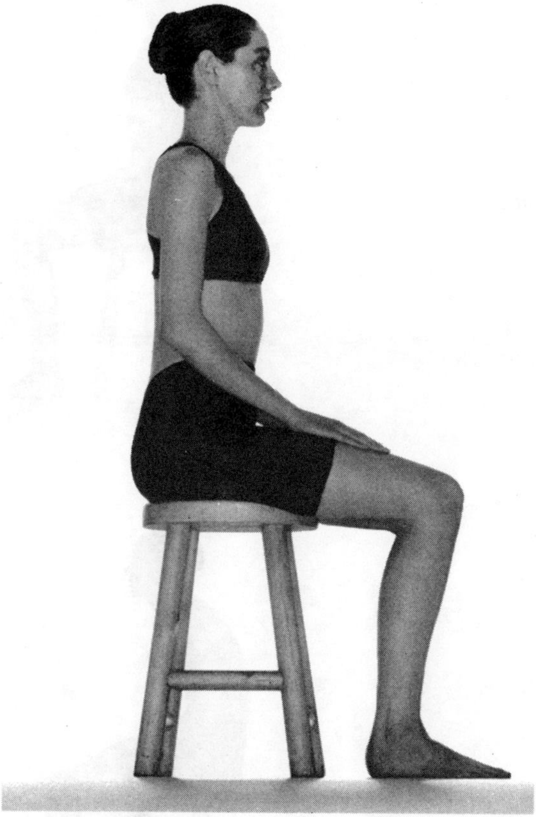

Posturas

Caso realmente se importe com a sua coluna, torne um hábito a adoção de posturas corretas.

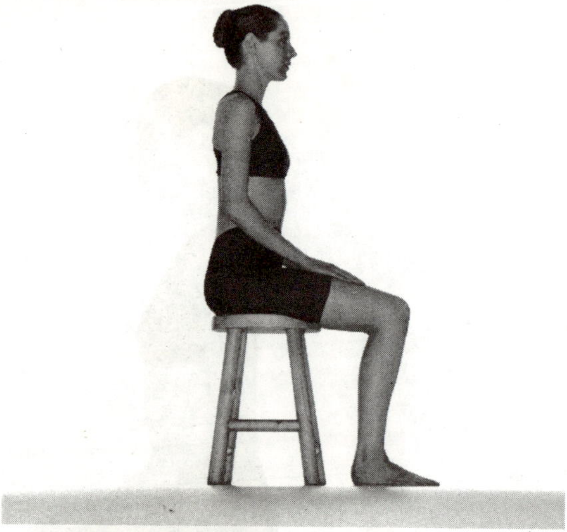

1. Sente-se assim...

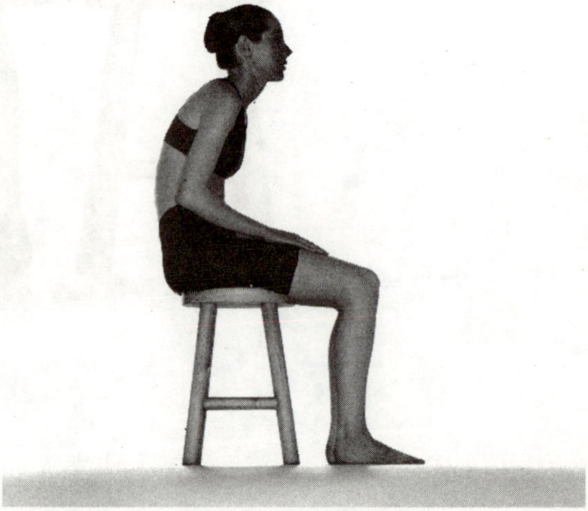

E não assim...

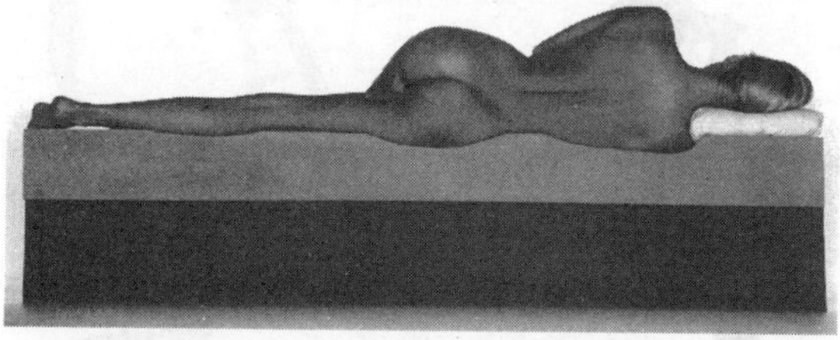

2. Deite-se assim...

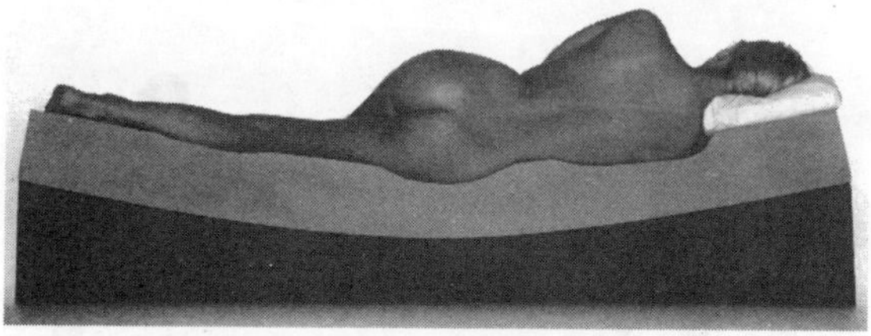

E não assim...

3. Erga objetos assim...

E não assim...

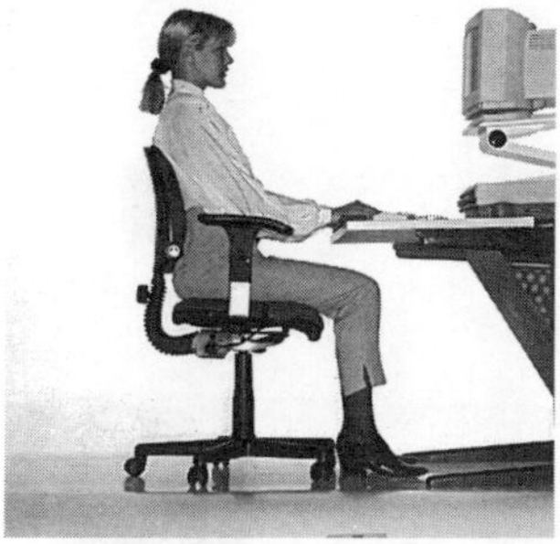

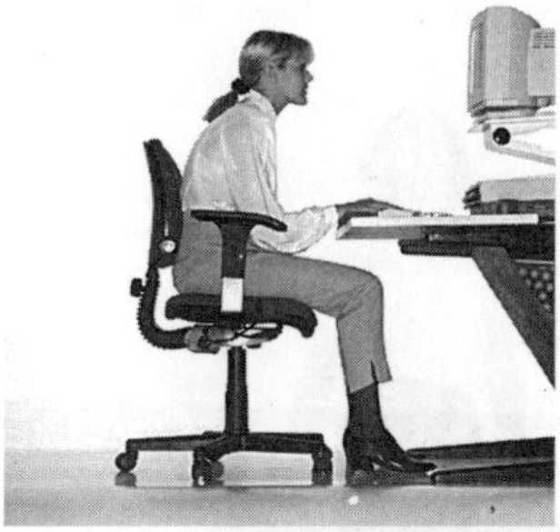

4. Sente-se à escrivaninha assim... E não assim...

5. Sente-se no carro assim... E não assim...

6. Erga e segure o bebê assim.. E não assim...

7. Carregue compras assim...

E não assim...

Ou assim...

E não assim...

8. Sempre levante as compras observando a seqüência seguinte:

PRIMEIROS SOCORROS NA PONTA DOS SEUS DEDOS

D. & J. Lawson-Wood

"Um livrinho simples de compreender, rápido de consultar e fácil de carregar" — na definição de seus autores, este manual de primeiros socorros não pretende substituir nenhum outro, mas deve ser usado suplementarmente, em condições de emergência.

O método aqui descrito dispensa qualquer tratamento ulterior, embora, em todos os casos de ferimentos graves ou de enfermidade repentina, o tratamento e o aconselhamento médicos devam ser feitos tão depressa quanto possível.

As condições a serem tratadas estão dispostas em ordem alfabética — ACESSOS..., CÃIMBRAS..., DESMAIO..., INSOLAÇÃO..., FRATURA..., etc. — sendo todos os verbetes ilustrados com a indicação do ponto exato a ser pressionado para que se consigam resultados rápidos e satisfatórios.

O massageamento desses "pontos de pressão", cuja descoberta deve ser creditada à Acupuntura chinesa, dispensa o conhecimento especializado da anatomia ou qualquer outra força especial, exigindo-se apenas a localização exata do ponto a ser tratado e a qualidade do tratamento, que nunca se deve estender por mais de quatro minutos.

Um livrinho para atender de modo especial a circunstâncias especiais, quando alguma coisa deve ser feita rapidamente, usando apenas *"a ponta de seus dedos"*.

VISUALIZE A SUA CURA

Anita Moraes

Quem somos nós? O livro de Anita Moraes nos oferece roteiros de viagens através do inconsciente e, como uma aventura sensível e cheia de contrastes, vai nos descortinando paisagens interiores e nos mobilizando para a grande realização do autoconhecimento.

Seu livro é um fascinante roteiro de visualizações e um dos mais completos guias de imagens encontrados até hoje, que você pode utilizar no consultório, como médico ou psicoterapeuta (independentemente de sua linha de trabalho), ou mesmo para si próprio e para seus entes queridos.

Inspirado de uma forma curiosa, devido a fatores que a autora chama de "uma estranha combinação de estudo com o sofrimento humano", *Visualize a sua Cura* dá a você a oportunidade de mergulhar fundo dentro de si mesmo, resgatando o seu rico e precioso potencial adormecido e tornando sua vida mais proveitosa e feliz.

A autora, psicoterapeuta de raízes junguianas, dedica-se a pesquisas em hipnoterapia avançada (com especialistas da Fundação Milton Erickson, de Phoenix, Arizona), de que faz parte a visualização. Sempre mesclando conhecimento, simplicidade e compaixão, ela ensina-nos a seguir uma trilha que leva à saudável interação entre mente e corpo.

Sem dúvida, esta obra é destinada a ensinar a você, profissional ou leigo, a arte de transformar o veneno em remédio, o sintoma em sinal de cura e a emoção bloqueada em recurso criativo.

CULTRIX/PENSAMENTO

ZEN SHIATSU

Como harmonizar o Yin e o Yang para uma saúde melhor

Shizuto Masunaga e Wataru Ohashi

Segundo a medicina oriental, cada vez mais valorizada no Ocidente, a tendência natural de todo organismo vivo é a de curar-se a si mesmo. Conseqüentemente, o meio mais natural e o mais eficaz para sarar de uma doença é estimular essa capacidade de autocura.

Desenvolvendo uma terapêutica que se harmoniza perfeitamente com o organismo do paciente como um todo, o *shiatsu* é uma das disciplinas que fizeram progredir enormemente esse tipo de terapia, com base num sistema médico oriental completo, que explica o corpo humano em termos de uma rede de meridianos através da qual flui uma energia que os japoneses chamam de *Ki*. Se o fluxo do *Ki*, através dos meridianos, é regular, a pessoa goza de boa saúde; se essa energia se estagna, a pessoa cai doente. A natureza desse fluxo de energia é analisada na base da concepção chinesa do Yin e do Yang. O meio de restabelecer o equilíbrio do sistema da energia *Ki* é o assunto deste livro.

Nesta obra, abundantemente ilustrada, os autores estudaram minuciosamente o princípio de tonificação-sedação e o *shiatsu* dos meridianos. A inclusão de um capítulo sobre a auto-aplicação das técnicas aqui ensinadas fazem deste livro uma obra fora do comum.

OS AUTORES

Shizuto Masunaga, formado pelo Departamento de Psicologia da Universidade de Kyoto, foi durante dez anos instrutor do Instituto de Shiatsu *do Japão. Atualmente, é membro da Associação de Psicologia do Japão, da Associação de Medicina Oriental Japonesa e presidente da Associação Iokai para a Terapia* Shiatsu.

Wataru Ohashi, formado pela Universidade de Chuo, é fundador do Centro de Educação de Shiatsu *de Nova York e criador do Ohashiatsu, seu método de terapia baseado na teoria dos meridianos e na cinesiologia.*

EDITORA PENSAMENTO

O SONO SAUDÁVEL
A Insônia: Suas Causas e a Forma de Superá-las

Drs. Harald Kinadeter, Wolfgang Mohring
e *Thomas Poppe*

Dr. Günther Lippler (Org.)

Toda pessoa precisa do sono, e um sono saudável, equilibrado, faz parte do alicerce de uma conduta de vida saudável. Diante desse fato, seria de se esperar que a função psicológica do sono já tivesse sido bastante pesquisada e descrita cientificamente. Não é bem isso o que acontece: ainda hoje, a área de pesquisa do sono apresenta-se para médicos e biólogos como uma das coisas mais complexas que a natureza lhes reservou.

Procurando familiarizar o leitor com os conhecimentos alcançados até hoje pela pesquisa do sono e com isso lhe dar instrumentos para deixar de lado hábitos inadequados, os autores de *O Sono Saudável* reuniram o que de melhor a medicina, os estudos sobre as manifestações psicossomáticas, as terapias naturais e principalmente o bom senso têm a dizer com relação aos distúrbios do sono.

Os autores definem este livro como um "conselheiro psicossomático", baseando-se no princípio de que o aparecimento de um desequilíbrio corporal quase sempre é preparado no campo do espírito. *O Sono Saudável* lhe oferece a solução para os problemas da insônia através de métodos "inusitados" e não ortodoxos de tratamento, transmitindo ao leitor um pouco da verdadeira alegria, humor e coragem para viver uma existência mais rica.

* * *

Os autores:
O dr. Harald Kinadeter especializou-se em clínica geral em Munique. Wolfgang Mohring é terapeuta formado e Thomas Poppe é jornalista, tradutor e autor de livros técnicos.

EDITORA CULTRIX

Outras obras de interesse:

VENCENDO A DOR NAS COSTAS
Harris H. McIlwain e *outros*

VENCENDO A OSTEOPOROSE
Harris H. McIlwain e *outros*

VISUALIZE A SUA CURA - Exercícios de visualização inspirados nos Salmos
Anita Moraes

PSICORREGRESSÃO - Um Novo Sistema de Cura e Desenvolvimento Pessoal
Dra. Francesca Rossetti

A TERAPIA DA POLARIDADE - A Energia que Cura
Alan Siegel e *Philip Young*

CURA ENERGÉTICA COM O REIKI PLUS ®
David G. Jarrell (Mestre Reiki)

DIFERENTES FORMAS DE CURA
Betty F. Balcombe

A DOENÇA COMO CAMINHO
Thorwald Dethlefsen

CURA E TRANSFORMAÇÃO - No caminho da verdadeira cura está uma jornada de transformação
Dr. Michael Greenwood e *Dr. Peter Nunn*

A FORÇA DO CHAKRA DO CORAÇÃO
Paula Horan e *Brigitte Ziegler*

GUIA COMPLETO DE AROMATERAPIA - Cura e transformação através das essências e dos óleos aromáticos
Erich Keller

MEDICINA VIBRACIONAL - Uma Medicina para o Futuro
Richard Gerber

LUZ EMERGENTE - A Jornada da Cura Pessoal
Barbara Ann Brennan

RESPIRAÇÃO E ESPIRITUALIDADE - Uma Técnica de Cura
Gunnel Minett

UM GUIA ENERGÉTICO PARA OS CHAKRAS E AS CORES
Ambika Wauters